Einzelkind - Phänomen
Kinder für den Übergang

"Diese Seelen bringen einen ganz
speziellen Puls aus der geistigen Welt mit,
durch den sie sich einbringen und den sie
auf der Erde verwirklichen wollen."

Bibliografische Information der Deutschen Nationalbibliothek
Die Deutsche Nationalbibliothek verzeichnet diese Publikation in der
Deutschen Nationalbibliografie; detaillierte bibliografische Daten sind
im Internet über dnb.d-nb.de abrufbar.

Herstellung und Verlag: Books on Demand GmbH, Norderstedt
ISBN 978-3-8423-4094-7

gechannelte Texte von
Johannes,
gesprochen und bearbeitet durch
das Medium
Yvonne Grätz

Inhalt

Dank

Ich möchte allen, die in irgendeiner Weise zum Entstehen dieses Buches beigetragen haben, von Herzen danken. Vor allem natürlich den Kindern und Jugendlichen mit denen ich arbeiten durfte und die mir in so speziellen Begegnungen Liebe und Vertrauen geschenkt haben. Sie haben mich zur Frage nach dem „Einzelkind-Phänomen" an Johannes inspiriert. Kurz daraufhin tauchten immer wieder in unterschiedlichsten Channelings diese Kinder auf. Mir wurde klar, dass manche meiner Klienten entweder „Einzelkinder" sind, solche Kinder haben, oder sogar beides.

Mein tief empfundener Dank geht außerdem an alle, die am Buch mitgewirkt haben, vor allem natürlich an Johannes und mein spirituelles Team, das mich immer wieder zum Weitermachen ermuntert hat.

Niemals wäre aber irgendetwas auch nur im Keim entstanden, wenn nicht meine unermüdliche Helferin, Freundin und jugendlicher Tochter-Ersatz Juliane Dabs beim Channeln anwesend gewesen wäre. Sie hat alles getippt, die „virtuelle Ware" verwaltet und den Text gelesen, für Mut und Impulse zur Umsetzung des Projektes gesorgt, sowie sich um Design und Vermarktung bis hin zum Verlag gekümmert. Dann hat sie Candy Lange ins Spiel gebracht, die das gesamte Textmaterial mit so viel Freude und Frische lektoriert hat, dass ich einen ganz neuen Blick auf Inhalt und Aussage werfen konnte. So waren ein irdisches und ein geistiges Triumvirat bei der Arbeit anwesend. Ich hoffe, die Früchte werden den verehrten Lesern gut schmecken.

Liebe Leserin, lieber Leser,

22 Jahre habe ich an verschiedenen Orten und Schulen in Deutschland und der Schweiz als Klassenlehrerin für Kinder zwischen 7 und 14 Jahren gearbeitet. „Nebenbei" war ich alleinerziehende Mutter eines Sohnes und habe einen großen Garten im damaligen West-Berlin biologisch bewirtschaftet. Schon während meiner Ausbildung als Kunstpädagogin und aller darauf folgenden Fort- und Weiterbildungen wurde ich von meinem kleinen heranwachsenden Kind begleitet.
So sind mir alle in diesem Buch besprochenen Themen, Sorgen, Klippen rund um Elternschaft, Schule und Erziehung sowohl von innen wie von außen vertraut. Selber war ich sowohl in der Lehrer- als auch Elternposition und bin in jeder Rolle in vielfacher Weise in die Klemme gekommen. Am eigenen Leibe habe ich erfahren müssen, wie aussichtslos verfahren manche Situationen sein können. Das hat seine Spuren hinterlassen und meine eigenständige spirituelle Entwicklung eingeleitet. Sie wurde sowohl von oben aus der geistigen Welt – von meinem Channel Johannes – geführt, als auch über handfeste Schulung durch meine verschiedenen spirituellen LehrerInnen, Zufälle, Begegnungen und Schicksalsfügungen geprägt und hat mich dazu befähigt, jetzt als Vermittler zwischen „oben und unten" tätig sein zu können. Zunächst war jedoch ein intensiver, schmerzhafter Ablösungsprozess von der geliebten Lehrtätigkeit und Arbeit mit Kindern wegen meiner damaligen sehr großen Erschöpfung nötig.

In einer Privatsession für mich selbst kam in dieser Zeit die Aufforderung von Johannes' Team, dass sie gerne ein Buch über das Einzelkind-Thema herunterbringen würden. Wie sollte das umgesetzt werden? Ich hatte doch gerade erst angefangen, mich mit der Channel-Arbeit für Privatpersonen selbständig zu machen. Es gab weder das technische Know-how noch irgendeine Idee, wie der Arbeitsprozess ohne einen Zuhörer oder Klienten der Fragen stellt, ablaufen sollte. Schnell zeigte sich, dass diese Dinge sich fügten und so haben wir heute dieses Dokument vor uns. Ich hoffe, dass es vielen Eltern (und dadurch auch Kindern) eine Wegleitung sein kann und Trost und Hilfen in vielerlei Hinsicht bietet.

Basel im September 2010
Y. G.

1. Sitzung
31.07.2009

Was versteht man unter dem von uns gewählten Begriff „Einzelkind-Phänomen"?

Was wir heute zu Anfang sagen wollen ist, dass die momentane Kultur der Erziehung und der Bildung so beschaffen ist, dass sie all die verschiedenen Seelen, welche auf die Erde herunterkommen, über einen Leisten zieht.

Wir können zwei Dinge beobachten, die in diesem Zusammenhang von besonderer Wichtigkeit sind. Zum Ersten eine Individualisierung jedes einzelnen Menschen. Dies wird besonders stark und mit gutem Grund in der westlichen Welt propagiert.
Im großen Zusammenhang der Menschheits- und Erdentwicklung ist die Betonung des ICH richtig und zeitgemäß. Es muss so sein, dass Menschen ihre Individualität immer stärker spüren und ihre eigene Freiheit ganz unabhängig von allen anderen Bindungen, die früher relevant waren, entwickeln.

Auf der anderen Seite habt ihr diese starke Bewegung zur Globalisierung, sodass alles und jeder auf der Erde miteinander verbunden ist. Man meint, die Unterschiede könnten wegfallen. Die elektronischen Medien, aber vor allem die Weltwirtschaft, haben zu diesem Status quo stark beigetragen.

So zieht immer mehr in die Menschheit der Gedanke ein, dass alle gleich sind, aber in dieser Gleichheit eine größtmögliche Unterschiedlichkeit herrscht. Damit geht einher, dass Frauen und Männer sich heutzutage auf Augenhöhe in Freiheit begegnen können und sie sich als wirklich gleichberechtigte Individuen/Partner in all ihrer Unterschiedlichkeit wahrnehmen und lieben lernen. Dies ist nur möglich durch eine vollständige Neuorientierung des gesamten Geisteslebens (des Denkens) und des emotionalen Lebens auf der Erde. Später wird dieses dann auch zu Änderungen im stofflichen Körper führen.
Was früher maßgeblich war, wie die Angehörigkeit zu einem bestimmten Clan, einer bestimmten Familie, zu einem Volk, einer

Kultur, wird nach und nach verblassen und jeder einzelne Mensch wird eine eigene Kultur für sich bilden. (Wobei im besten Fall die eigenen Wurzeln geistiger, emotionaler und physischer Art keinesfalls negiert und verdrängt, sondern geliebt und anerkannt werden).

Die Symptome für diese Neuorientierung sind eine Wanderlust und das damit verbundene Kennenlernen-wollen anderer Kulturen und Geisteshaltungen. Trotzdem fühlen sich viele Menschen einsam und nirgendwo zugehörig. Viele von euch empfinden diese Vereinzelung. Ihr spürt, wie schwer es ist, sogar innerhalb eurer Familie Menschen zu finden, mit denen ihr euch wirklich „versteht". Ihr fühlt immer stärker euer Eigenes, eurer eigenes Sein, euren eigenen Willen, eure eigenen Ziele und müsst manchmal um die ganze Erde reisen, um einen einzigen Menschen zu finden, mit dem ihr überhaupt sprechen könnt, mit dem ihr euch austauschen könnt.

Nun, durch das, was wir gesagt haben, merkt ihr schon, wozu die Globalisierung gut ist. Es ist wichtig, weil ihr auf der Erde diese Vielfalt aller Menschen braucht, um diejenigen zu finden, mit denen ihr eure Energie zusammenbringen könnt. Menschen, mit denen ihr aus freien Stücken das tun könnt, was ihr auf der Erde tun wolltet, um euren Lebensplan, eure Aufgabe in der Materie zu verwirklichen. Wir wollen nun die Schattenseite dieser Entwicklung – die Vereinsamung – näher betrachten. Viele Menschen sind gefährdet, weil sie ihre innere Einsamkeit nicht aushalten. Sie wissen nicht mehr, warum sie überhaupt auf die Erde gekommen sind, was sie hier sollen, welchen Impuls sie für ihr Erdenleben aus der geistigen Welt mitgebracht haben. Sie sind verwirrt, weil um sie herum Menschen sind, die völlig andere Dinge wollen, als sie selbst. Dadurch haben sie keine Verstärkung ihrer eigenen Energie und lassen sich in ihrem eigenen Wollen durcheinander bringen.
Kennt ihr die Zusammenhänge, versteht ihr euch selbst besser und könnt entsprechend damit umgehen. Ihr werdet geduldiger und könnt Ereignisse und Emotionen besser einordnen und die nötigen Schritte unternehmen, damit ihr euch selbst zu einem glücklicheren Leben führen könnt – innerhalb der Umstände, die jetzt neu auf der Erde herrschen.

Das ist das große Bild.

Nun haben wir dieses „auf die Erde kommen von Menschen" angesprochen. Wir erleben im Moment einen Ansturm, einen ungeheuer starken Ansturm von Seelen auf die Erde. Es wollen sich viele Menschen inkarnieren, um diesen Umbruch mitzuerleben und um mitzuhelfen die Erde und auch die Entwicklung der Menschheit auf der Erde auf eine neue Stufe zu heben. Es ist nichts Bedrohliches oder Schlechtes, dass so viele Menschen im Moment auf der Erde sind, sondern es hat ausschließlich geistig-bedingte Gründe. Das wird sich bald, in den nächsten fünfzig, hundert, vielleicht auch erst in zweihundert Jahren (das kommt darauf an, wie es mit der Entwicklung weitergeht), wieder ganz und gar verändert haben.

Dann wird das nicht mehr nötig sein – für die Seelen, für deren eigene Entwicklung – weil die Verwandlung bereits stattgefunden hat. Für die Menschen, die jetzt kommen, ist es gar nicht immer nötig, lange auf der Erde zu leben. Manche Seelen machen einen kurzen Schritt auf die Erde, sind wenige Tage im Mutterleib oder kommen nur für eine kurze Inkarnation. Sie nisten sich zum Beispiel im Mutterleib ein und „gehen dann ab". Die Abtreibung gehört auch in diesen Themenkreis, deshalb hütet euch, vorschnell zu urteilen.

Für die Seelen, die sich jetzt auf der Erde inkarnieren wollen, ist es eine sehr wichtige Inkarnation und es kommen unter vielen anderen Seelen einige, die sich nur selten inkarniert haben. Das sind ganz besondere Menschen insofern, als dass sie aus einem freiwilligen Impuls bei der Entwicklung der Erde mithelfen möchten. Diese Kinder wollen sich besonders in den westlichen Ländern inkarnieren, weil sie dort die größte Möglichkeit haben frei zu sein, da vor allem das Geschlecht keine Rolle spielt um möglichst freien Zugang zu Bildung und verschiedenen geistig seelischen „Werkzeugen" zu haben, die ihnen eine künstlerisch-spielerische, dem Zeitgeist gemäße Entwicklung ihrer Seele erlaubt.

Es ist so, dass diese Kinder in verschiedener Hinsicht weit entwickelt sind, dass das aber nicht immer dem entspricht, was die heutige Zeit als einen intelligenten Menschen bezeichnen würde. Die Intelligenz dieser Kinder liegt oft auf einer völlig anderen Ebene – deswegen sind unter diesen Kindern häufig Legastheniker; Kinder, die nicht mit Zahlen umgehen können, oder jene, die sich besonders stark und viel bewegen, oder solche die spezifische Hochbegabungen haben. Diese

Kinder brauchen einen geschützten Freiraum, in dem sie vor allem in den ersten Jahren aufwachsen können. Man kann sie zunächst daran erkennen, dass sie sich bisweilen absondern und gut mit sich allein klarkommen. Deshalb wollen wir sie „Einzelkinder" nennen, auch wenn sie durchaus nicht immer als alleiniges Kind in ihrer Familie auf die Welt kommen.

Ein weiteres Anzeichen dafür, dass wir es mit einem Einzelkind zu tun haben, ist, dass eines der Elternteile auch schon ein Einzelkind war und sich ein Verwandtschaftsgefühl einstellt und ein Verständnis für dieses Kind da ist.

Durch ihr Verhalten weisen diese Kinder auf sich hin und wollen durch die Disposition, mit der sie auf die Erde kommen ganz eindeutig zeigen, dass sich die Menschheit in einem Bildungssystem verrannt hat, welches der neuen Spezies Mensch nicht mehr gerecht wird. Sie wollen zeigen, dass nicht die Menschen sich dem Bildungssystem anpassen sollen, sondern, im Gegenteil, das Bildungssystem und das Erziehungssystem sich dem Menschen anpassen muss. Es ist nicht richtig, um ein griechisches Bild zu benutzen, die Kinder alle in ein Prokrustesbett[1] zu legen und das, was zu kurz ist, zu strecken und das, was zu lang ist, abzuhacken. Es geht darum, dass man das Bett (gemeint ist das Lebensumfeld) dem Menschen anpasst und nach der jeweiligen Individualität ausrichtet.

Die Einzelkinder leiden im Moment besonders stark, weil derzeit die gesamte Gesellschaftsordnung, das gesamte Bildungs- und das Erziehungssystem darauf ausgerichtet sind, Kinder in Horden, in großen Gruppen, abzufertigen. Und die heute anwesenden Erwachsenen meinen, dass es den Kindern gut tut, wenn man sie in Gruppen zusammenbringt. Sie meinen, dass es für die Kinder gut ist, wenn man sie möglichst früh schon in Kinderkrippen betreuen lässt und mit anderen gleichaltrigen Kindern zusammenbringt, sodass sie daran gewöhnt werden, ihr Sozialverhalten an die jeweilige Gruppe anzupassen.

---

[1] Prokrustes, (griechisch für „Ausstrecker"), war ein Riese aus der griechischen Mythologie. Als Prokrustesbett bezeichnet man redensartlich eine Form oder ein Schema, in die etwas gezwungen wird, das dort nicht hineinpasst. Unter dem Prokrustesbett wird zum Teil auch allgemein eine nicht oder nur gewaltsam lösbare Zwangslage verstanden, so jedes ungerechtfertigte Abkürzen oder Ausdehnen wie überhaupt jede peinliche Lage, in welche jemand gezwungen wird.

Keiner von uns Erwachsenen würde das freiwillig mitmachen, außer in den Zusammenhängen des Berufes und auch dort sucht man sich seine Bezugsgruppe selbst aus.

Aber Eltern können sich die Gruppe nicht aussuchen, mit der ihr Kind in einem Kindergarten oder einer Schule leben muss. Das Kind kommt unweigerlich mit den Kindern zusammen, die dort zufällig anwesend sind.

Natürlich ist der Zufall nicht immer Zufall; wir wissen, dass wir oft „zufällig" Menschen um uns haben, die zu unserer Seelenfamilie gehören. Trotzdem wollen wir darauf hinweisen, dass viele Eltern merken, dass ihre Kinder unglücklich vom Kindergarten oder von der Schule zurückkommen. Sie nehmen plötzlich eine Veränderung der Persönlichkeitsstruktur ihres Kindes wahr und merken, dass die Kinder nicht mehr glücklich sind; sie nicht mehr allein spielen können; sie bedrückt sind; sie mit den Eindrücken, die sie in der Schule haben nicht klarkommen, sie dies aber Zuhause nicht verbalisieren können, weil sie sich zum Beispiel selbst dafür schuldig fühlen.

Die Kinder haben das Gefühl, sie haben Schuld daran, dass sie in dieses System nicht hineinpassen. Das ist ein Indikator: „Einzelkind"! Je jünger ein Kind ist, umso schwerer wird es über seine Eindrücke sprechen können. Wenn es schulpflichtiges Alter hat (und wir sagen jetzt 7 Jahre, nicht schon 5 Jahre – wenn also der Zahnwechsel angefangen hat und das Kind in eingeschränktem Maße auf sein Bewusstsein zugreifen kann), dann wird es beispielsweise nach Hause kommen und sagen: "Mama, Papa, es ist alles okay in der Schule. Die Kinder sind okay, die Lehrer sind okay, aber ich gehe nicht gerne in die Schule."

Und wenn wir dies vorliegen haben, haben wir mit großer Wahrscheinlichkeit ein Einzelkind vor uns, das besondere Aufmerksamkeit braucht und das eine besondere Art der Behandlung benötigt, damit es sich seinem Lebensplan entsprechend entwickeln kann. Für dieses Kind ist es extrem wichtig, dass die Eltern Maßnahmen treffen, damit der Plan seines Lebens nicht unnötig durcheinander kommt und es jahrelang Torturen in der Schule ausgesetzt ist.

Wenn das Kind jünger ist und man es in den Kindergarten schickt, oder in die Krippe, dann wird man bald physische Anzeichen erkennen, wie beispielsweise, dass das Kind oft krank wird und sich sein gewohntes Verhalten plötzlich ändert. Man hat das Gefühl: „Unser Kind ist anders; es kommt nicht mit der neuen Umgebung klar."

Oft werden dann die Kindergärtner oder später die Lehrer für das Unwohlsein des Kindes verantwortlich gemacht. Kind und Lehrer kommen dann in eine Zwangslage, die außerordentlich schwer ist, weil Lehrer es dem Kind gerne Recht machen möchten und spüren, dass es in keiner Weise geht. Sie spüren, dass das Kind eigentlich deren ganze Aufmerksamkeit bräuchte – oder in einer sehr kleinen, handverlesenen Gruppe von Kindern betreut werden müsste – welche sie ihm jedoch nicht geben können.

Meistens laufen diese Prozesse unbewusst ab. Häufig kommt es bei Erwachsenen aufgrund der beschriebenen Zwangslage zu Frustrationen und Aggressionen. Das Kind fühlt sich schuldig und versteht nicht, warum seine Lehrer oder/und die Eltern Aggressionen bekommen. Das Kind weiß, es soll sozial sein und es spürt aber: "Ich bin ja sozial. Ich kann das ja alles schon. Ich muss das jetzt hier nicht noch mal lernen. Ich brauche etwas anderes, was ich hier lernen will und soll."

Vor allen Dingen die ganz jungen Kinder, die noch hellsichtig sind, sich aber noch nicht richtig ausdrücken können, kommen schnell durcheinander, weil sie sich verantwortlich fühlen.

Diese Kinder sollen aber, deshalb sind sie heruntergekommen, später eine Führungsposition in der Gesellschaft einnehmen. Sie sind Königskinder der modernen Zeit. Sie haben lediglich keine Königsfamilie oder haben sich nicht in heutzutage „leitende" Familien inkarniert, um viel zu viel öffentliche Aufmerksamkeit im negativen Sinn zu meiden. Sie kommen in so genannten "normalen" Familien zu Welt, wo es materielle Probleme geben kann. So müssen Familien ihre Kinder in Krippen geben, weil beide Eltern arbeiten und die Infrastruktur und das Bewusstsein noch nicht da sind, um diese Kinder in einer richtigen Art und Weise aufnehmen zu können. Für den Anfang braucht die Infrastruktur gar nicht großartig verändert zu werden. Es müsste euch nur bewusst werden, dass es solche Kinder gibt. Es sollten Nischen geschaffen werden, damit sie sich wohlfühlen, um nicht die gesamte Last auf ihren Schultern spüren zu müssen.

Es wäre schön, wenn diesen Kindern von den Erwachsenen das Gefühl der innigen, bedingungslosen Liebe gegeben werden könnte, damit sie sozusagen nicht schon als Kind mit der Aufgabe anfangen müssen, für die sie erst als Erwachsener reif sind und über ausreichend Kräfte verfügen. Natürlich wird ein solches Einzelkind sich auch in dem jetzt gegebenen Rahmen entwickeln und dann später seine Aufgaben übernehmen können, aber das kann mit vielen Schwierigkeiten verbunden sein und oft kann es später dazu kommen, dass diese Seelen sagen: "Ich krieg' das nicht hin. Ich will wieder zurück. Mir ist das einfach zu stressig. Ich schaffe das nicht in dem Rahmen, der mir hier gegeben wird."

Und das ist in Ordnung, aber es ist auch schade. Diese Seelen möchten uns jetzt sagen, dass wir verschiedene Kleinigkeiten für sie tun können, um ihnen die Kindheit und Jugend extrem zu erleichtern.

Was versteht ihr unter dem Begriff „entwickelte" Seele?

Eine entwickelte oder fortgeschrittene Seele ist eine Seele, die sich zur Verfügung gestellt hat, ihr persönliches Schicksal in den Dienst der Erdentwicklung zu stellen. Fortgeschrittene Seelen kommen nicht wegen karmischer Gründe auf die Erde, sondern haben sich aus freien Stücken inkarniert, um in dieser Übergangssituation für die Erde und die anderen Menschen, die noch suchend sind, ein Umfeld zu erschaffen, welches es allen erleichtert, die höhere Schwingung anzunehmen.

Was macht diese Seelen zu entwickelten Seelen?
Wie haben sie sich bisher entwickeln können: durch spezielle Inkarnationen oder durch eine Entwicklung auf der geistigen Ebene?

Das ist ganz unterschiedlich. Wenn man es buddhistisch ausdrückt, wären das Bodhisattva-Seelen [2], die ihre Dinge, die sie auf der Erde lernen wollten, gelernt haben. Vielmals waren diese Seelen gar nicht oft auf der Erde, sondern längere Zeit in der geistigen Welt und haben sich dort weiterentwickelt.

---

[2] Eine Seele, die gelobt, auf die „ewige Seligkeit" von Nirwana und Erleuchtung zu verzichten, die sich stattdessen freiwillig inkarniert, um im Einklang mit dem Karma-Gesetz den fühlenden Wesen zu helfen, die noch hoffnungs- und ahnungslos, an das Rad der Wiedergeburt gekettet sind.

Sie haben für ihre Entwicklung nicht so viele Inkarnationen auf der Erde in Erwägung gezogen. Darum sind sie auch zum Teil mit den dunklen Energien auf der Erde nicht so vertraut und es ist für diese Menschen oft ein Schock.

In dem Moment, wo sie einen leiblichen Körper annehmen und in den Vererbungsstrom eintauchen, nehmen sie das mit, was durch die Vererbung in den Zellen möglich ist, und dies entspricht nicht ihrem Wesen. In den Zellen ist die Dunkelheit der Materie enthalten, wie zum Beispiel die Familiengeschichte im Zellgedächtnis, Krankheiten etc., eben so, wie sich der heutige Mensch entwickelt hat oder entwickeln musste.

Das hat alles einen Sinn. Diese Entwicklung folgt einem höheren Ziel. Für dieses Ziel war es nötig, dass menschliche Körper sich über die Zeit verhärtet haben. Jetzt ist die Menschheit wieder auf dem Weg diese Verhärtung aufzulösen. Mit den Konsequenzen habt ihr zu tun, beispielsweise mit dem Schwindel, den ihr erlebt oder, dass ihr Schwierigkeiten habt, euren Tag zu organisieren.

Das sind sozusagen Übergangsphasen, wo erstmal alles ins Chaotische abgleitet, um dann wieder aus der eigenen Individualität neu, universell, allein begriffen zu werden und da muss ein Mensch durch, der sich heute in dieser Art entwickelt.

Das vorher Gesagte ist den anderen gegenüber sicher nicht abwertend gemeint. Die Seelen, die sich öfter inkarniert haben und sich zum Teil auch im übertragenen Sinne "verirrt" haben, um es möglich zu machen, dass ihr ganz tief in die Materie hineinsteigen und den "negativen" Teil der Materie kennenlernen könnt, haben auch einen großen Dienst am Ganzen geleistet. Es ist zum Teil so, dass die "verirrten" Seelen nicht wissen, wie sie aus dem Kreislauf wieder herauskommen sollen, weil sie durch ihre Taten (Grausamkeiten etc.) stark mit Schuld und Schamgefühlen belastet sind. Es ist schwer, dem ins Auge blicken zu müssen, wenn sie nach dem Tod ihre Inkarnationen anschauen. Sie haben dann ein dringendes Bedürfnis, das Geschehene wieder gut machen zu wollen. Es muss alles in Liebe aufgelöst werden. Um den Weg dahin zu zeigen, ist es wichtig und gut, wenn Seelen herunterkommen, welche weniger oder gar nicht in diesen Energien verstrickt sind und dadurch ganz andere Wege sehen, die aus dieser Verirrung herausführen.

2. Sitzung
31.07.2009

Was zeichnet diese Einzelkinder aus?

Lasst uns nun auf die Besonderheit dieser Seelen eingehen. Diese neuen Menschen sind insofern "weit entwickelt", als dass sie die eigene Freiheit des Individuums über alles stellen. Sie wollen sich selbst entfalten, aber wollen auch den anderen durch ihre eigene Entfaltung die Freiheit nicht wegnehmen. Das sind zwei Größen, die sich – auf der physischen Ebene – oft ins Gehege kommen. Auf der geistigen Ebene gilt das nicht und da ist der Ursprung des Problems. Im Geiste kann jeder seine Freiheit leben, so wie es ihm entspricht. Insofern das Dunkle, die Antischöpfung, keinen Platz hat, ist das ein Leben in Liebe und im Licht – unter dem Licht Gottes und in der Anbetung Gottes, im besten Sinne gesagt. Mit Gott meinen wir das größtmögliche Bild von Gott, das alle Religionen umfasst, wo alle Religionen in Eins zusammenfallen.
Wenn diese Menschen jetzt auf die Erde kommen, sind sie da, um zu helfen, dass sich die destruktiven Teile aus freiem Entschluss wieder in die positive Schöpfung eingliedern wollen. Diese Einzelkinder wirken schon durch ihr bloßes Dasein.

Jetzt möchten wir darauf kommen, warum wir dieses Ereignis überhaupt „Einzelkind-Phänomen" nennen. Unserem Medium (Yvonne Grätz) ist aufgefallen, dass es Kinder gibt, die "fremdeln", wenn sie mit anderen Kindern zusammen sind. Diese Kinder fühlen sich in Kindergarten und Schule unwohl, obwohl sie keine sichtbaren Schwierigkeiten haben. Sie neigen dazu, Situationen von außen zu beobachten und diese Kinder sind oft (nicht immer, nicht zwingend) das erste Kind in der Familie. Sie haben später häufig Probleme ihre Geschwisterkinder zu akzeptieren oder mit ihnen klarzukommen. Und obwohl sie sich große Mühe geben und diese Harmonie gerne möchten, stoßen sie bei ihren Geschwistern immer wieder an. Oft fühlen sie sich daraufhin schlecht, unvollkommen und am falschen Platz.
Es gibt unter ihnen aber auch Kinder, welche im Sozialen wirken, welche sich unter anderen Kindern wohlfühlen und damit viel besser umgehen können.

Oft haben wir so ein Einzelkind in einer Familie vor uns und die Eltern wünschen sich noch mehr Kinder, weil sie denken, ihr Kind ist einsam und braucht Spielgefährten; oder sie denken ihr Kind sollte noch einen gleichaltrigen Gefährten um sich haben, an dem es sich orientieren kann, damit es nicht so sehr auf die Erwachsenen fixiert ist.

Hier ist es sehr schwer für ein Kind den Eltern klarzumachen, dass es allein zufrieden ist und sich gar kein Geschwisterkind wünscht. Damit fangen nun die Probleme an, weil sich das Kind selbst Vorwürfe macht, da es spürt, dass seine Eltern sich noch ein zweites Kind wünschen und es seinen Eltern nicht einfach sagen kann: „Ich will kein Geschwisterkind." Wie soll dieses Kind das begründen?

Es kommt der Kindergarten, es kommt die Schule und immer wieder stehen diese Kinder vor der Frage, wie sie das machen sollen – sich selbst Raum zu schaffen, ohne den anderen den nötigen Raum wegzunehmen. Sie kommen mit all den Problemen in Kontakt; mit anderen Kindern, die Machtspiele lieben, die Führer in ihrer Gruppe sein wollen, aber eigentlich nicht dazu prädestiniert sind. Denen ordnen sie sich oft unter und beobachten dies aus einer sicheren Distanz heraus, ohne jedoch einzugreifen.

Im Kindergarten stehen sie an der Seite, gucken was die anderen Kinder machen und spielen nicht mit. Die Kindergärtner kommen zu den Eltern und sagen: „Ihr Kind spielt ja gar nicht mit. Es ist schon weiter als die anderen Kinder. Wir wollen mit dem Kind ein Lernprogramm machen."

Dann schlagen sie vor, dem Kind schon Lesen, Rechnen oder Ähnliches beizubringen. Dabei möchte ein Einzelkind diese Sozialprozesse gerne aus der Ferne anschauen, um daraus zu lernen, um zu gucken, wie das abläuft, damit es sich später in der richtigen Art und Weise einbringen kann. Anstatt es zu lassen, zu verstehen, worum es eigentlich geht und sich mit ihm in stiller Form zu verständigen, wird das Kind abgeschoben.

Dabei bräuchte man nur in Gedanken zu ihm sagen: „Wir wissen was du machst und das ist gut; mache das. Du darfst so lange da draußen stehen, wie du das gerne möchtest. Wenn es dir Spaß macht, dann kannst du mitspielen." Oder man könnte ihm einen Raum schaffen, wo es sich auch allein, ganz für sich, bewegen kann und im Stillen für sich sein darf, ohne im sozialen Miteinander teilnehmen zu müssen. Einzelkinder werden oft, auch schon in jungem Alter, Opfer von Attacken, die von anderen Kindern ausgehen. Diese merken natürlich, dass sie beobachtet werden.

Wir wollen in dem Zusammenhang auf etwas hinweisen. Schaut euch mal die Biografien von berühmten Leuten an; von Malern, von Künstlern jeglicher Art, Schriftstellern, Schauspielern, Musikern, auch Politikern, die etwas zu sagen haben, die die Welt vorangebracht haben – mit ihren Gedanken und ihren neuen Impulsen, die sie in die Menschheit hineingebracht haben. Das sind vorwiegend Einzelkinder gewesen. Die haben immer enorm gelitten, wenn sie in Gruppen hineingepfercht wurden und nicht verstanden worden sind. Man könnte jetzt sagen, wie hätte das aus ihnen werden sollen, wenn sie nicht gelitten hätten. Abgesehen davon, dass das ein grausamer Gedanke ist, solltet ihr bedenken, dass es in einem Menschenleben immer noch genug unvorhersehbare große und kleine Steine im Weg gibt. Und an einigen Beispielen, wie den Brüdern Humboldt oder auch Goethe, die ihrem Wesen gemäß erzogen wurden, sieht man, dass es nicht nötig ist, Einzelkindern zusätzliche Steine in den Weg zu legen.

Heute dürft ihr wissen, dass es immer solche Menschen gegeben hat, immer wieder geben wird und dass diese eine besondere Behandlung brauchen, damit sie sich wesensgemäß entfalten können. Wir sollten ihnen die Kindheit so zubereiten, dass sie nicht später, wenn sie erwachsen sind, zehn oder zwanzig Jahre dazu brauchen, bis sie in ihr Potenzial kommen, um dann die Arbeit machen zu können, für die sie eigentlich auf die Erde gekommen sind.

Was ist bei der Zusammenarbeit zwischen Lehrern und Eltern zu beachten?

Damit die Kinder ihr Potenzial ausschöpfen können, ist es wichtig für Eltern darauf zu achten, dass auch Erzieher und Lehrer lernen, das Bild dieser besonderen Kinder anzuschauen und mit ihnen zu sympathisieren. Es sollte ihnen klar werden, dass sie, auch als Erwachsener, von diesen Menschen lernen können; dass es wichtig ist, diese Kinder in ihre Entscheidungen mit einzubeziehen und mehr auf der geistigen Ebene mit ihnen zu kommunizieren.

Wie könnt ihr das anwenden?
Eine einfache Lösung ist es, sich vor dem Schlafengehen mit dem
Kind innerlich in Gedanken zu verbinden und zu fragen: "Was
möchtest du mir sagen? Was brauchst du? Wie soll ich das für dich
tun?"
Diese Anwendung kommt vor allen Dingen in Frage, wenn die Kinder
noch sehr jung sind und sich noch nicht selbst äußern können. Die
Eltern und Erzieher werden bald merken, dass sie am Morgen nach
der gedanklichen Kommunikation mit dem Kind eine Idee haben,
oder wissen was sie machen sollen, um dem Kind zu helfen. Dies wird
eine enorme Erleichterung für das Kind sein, denn es spürt, dass es
verstanden wird. Es merkt, dass die Eltern verstehen, warum es da ist
und dass es erwünscht ist, so wie es ist. Es spürt, die Eltern begreifen,
dass es besondere Bedürfnisse hat, die nicht mit großen Gruppen
in Einklang zu bringen sind oder bisher noch nicht in Einklang zu
bringen waren.
Man kann so ein Kind in eine große Gruppe integrieren, wenn man es
erkennt und wenn man es immer wieder auf eine diskrete Art speziell
behandelt. Das muss im Stillen geschehen, damit die anderen Kinder
sich dadurch nicht gestört fühlen.

Deshalb ist die geistige Kommunikation mit dem Kind besonders
wichtig und auch die reale Kommunikation der Erzieher
untereinander. Lehrer und Erzieher sollten mit den Eltern sprechen
und die Besonderheit wahrnehmen und anerkennen. Dann kann man
sich darüber beraten, wie man einen Rahmen für dieses Kind schafft,
in dem es sich am besten entwickeln kann; wo das Spezielle dieses
Kindes erkannt und gefördert wird.
Immer wichtiger wird dabei sein, dass die Eltern zu Hause die
Bildung ihrer Kinder selbst in die Hand nehmen und sich davor
nicht drücken. Es ist oft so, dass Eltern heute sagen: „Wir sind keine
Fachleute!"
Väter und Mütter sagen, ihr Beruf ist ihnen wichtiger. Sie wollen
lieber arbeiten gehen, als ihre Kinder zu bilden. Nun, dann könnten
geeignete Menschen gesucht und gefunden werden, die das außerhalb
der ausgetretenen Pfade machen.

Besondere Aufmerksamkeit sollte bei der Bildung auf primäre Sinneserlebnisse und eigene Erfahrungen der Kinder durch vielfältiges Spiel und kindliche Forschung sowie das Ausbilden künstlerischer Fähigkeiten gelegt werden. Die sehr einseitige Fokussierung auf das Eintrichtern von Fachwissen, das morgen schon nicht mehr aktuell sein wird, ist nicht mehr zeitgemäß.

Es wird sich in der nächsten Zeit einiges grundlegend ändern. Vor allen Dingen vor dem aktuellen wirtschaftlichen Hintergrund. Euch ist sicherlich klar, dass wenn die Entwicklung der Technik so fortschreitet wie bisher, die menschliche Arbeit durch fossile oder aktive Energie, wie Sonnen- und Windenergie, ersetzt werden kann und dass dann die (Arbeits-)Kraft der Menschen anderweitig gebraucht werden wird. Das ist ja der Grund, warum die harte, körperliche Arbeit immer mehr reduziert worden ist, um wieder zu dem zurückzukehren, was eigentlich menschlich ist: schöpferisch tätig zu sein.
Eine eminent schöpferisch-kreative Arbeit, die künstlerische Arbeit schlechthin, ist das Erziehen von Kindern und auch das Bilden von Kindern. Das war früher die Domäne der Mütter, besonders für die ganz jungen Kinder. Das ist von Natur aus sehr weise eingerichtet worden. Man kann sicherlich neue Wege gehen; zum Beispiel, dass Mütter sich zusammentun, wenn ihre Kinder sich vertragen und das diese dann gemeinsam in einer Art neuer wahlverwandschaftlicher Großfamilie betreut werden.

Es ist wunderbar eingerichtet, dass Eltern zugeschnitten auf ihr Kind eine sehr individuelle und tiefgreifende Schulung durchmachen, die sie später in die Gesellschaft auf ihre Art und Weise einbringen können. Das betrifft vor allen Dingen auch die Bildung der Kinder in der Schule und dass auch die Eltern mit ihrem Wissen dort ernst genommen und integriert werden.

Wenn sich Eltern der Aufgabe stellen, auf ihr Kind zugeschnittene Informationen und Wissen sowohl als auch Fähigkeiten und Fertigkeiten an es heranzubringen – auf eine kindgemäße, auf eine kreative, spielerische, künstlerische Art und Weise – kann einem Kind eigentlich nichts Besseres geschehen. So bilden Schule und Elternhaus Synergien und lernen im besten Sinne zusammenzuarbeiten. Dann werden wir auch Menschen haben, die so ausgebildet sind, dass sie die

Menschheit wirklich weiterbringen können. Eltern werden kreativ; wenn sie selbst die Kapazität auf einem Gebiet nicht haben, kann man auch andere Menschen hinzuziehen. Es kann ein Austausch auf energetischer Ebene stattfinden, um Dinge in dieser Hinsicht zu verändern.

Anmerkung von Johannes:
Wir wissen, dass dies Anstoß erregen wird, weil es womöglich als ein Rückschritt angesehen wird, in die Versklavung der Frau zurück an den Haushalt.

Antwort:
Ich glaube das nicht. Es gibt viele Frauen, die weil, sie denken, sie müssten modern sein, einfach mit dem gesellschaftlichen Strom schwimmen und dies machen, was einer modernen Frau angeblich entspricht, wie arbeiten gehen und eigenes Geld verdienen. Ihr Gefühl sagt ihnen jedoch oft, dass sie sich eigentlich lieber der Sache widmen wollen, Zeit mit ihren Kindern zu verbringen, mit denen sie auf eine ganz natürlich Art verbunden sind und verbunden sein wollen. Ich kenne auch Mütter, die nicht so richtig zugeben wollen, dass sie eigentlich, wenn es nach ihnen ginge, lieber zu Hause bleiben wollen.

Johannes:
Genauso ist es und das ist auch der Grund, weshalb wir es als so wichtig erachten, diesen neuen Denkanstoss zu geben. Das ganze Erziehungssystem müsste sich eigentlich so ändern, dass die gelernten Erzieher die Eltern ausbilden und umgekehrt; dass diese sich mit neuen kreativen Techniken der Wissensvermittlung auseinandersetzen und dann in Elternschulungen den Eltern vermitteln, wie sie mit den verschiedenen Typen von Kindern umgehen können.
Die heutigen Familienstrukturen sind oft durch die Schicksale sehr komplex (so genannte Patchworkfamilien) und die Gesellschaft tendiert dazu, die daraus entstehenden Probleme nur dem Staat und der Schule zu überlassen und an völlig fremde Erzieher, abzugeben. Das kann nicht die Lösung sein, weil die Erzieher, der Staat und die Schule – Institution Schule an sich – dann zu einem Sündenbock für alles das werden, was sie nicht leisten können. Und es gibt seit Jahren diese eigenartigen Studien, die immer wieder beweisen, wie

schlecht Schule ist und dass es nur einige kleine Staaten gibt, die ein Orchideendasein fristen, wo die Dinge besser funktionieren.

Das hat auch seine Gründe. Dort sind die Menschen von ihrer Kultur her so fortgeschritten, dass sie die Kinderseelen individueller anschauen und nicht so sehr beurteilen, wie es in Mitteleuropa der Fall ist. In den nordischen Staaten wird der Einzelseele viel mehr Freiheit zugestanden. Nun, die Wissensvermittlung und auch Erziehung, das wollen wir hier noch einmal zusammenfassend sagen, ist eine Sache, die von Mensch zu Mensch und auf künstlerischer Basis stattfinden sollte.

3. Sitzung
02.08.2009

Es ist ein stark umkämpftes Thema in der Gesellschaft, die Dinge, die für ein Kind gut und wichtig wären auch zu tun. Bis unsere Kinder mündig sind, dauert es zwanzig Jahre, die sie hier auf der Erde verbringen müssen; und diese zwanzig Jahre können sauer sein. Deswegen wollen wir das Augenmerk der Menschen, die mitdenken und ein wenig jenseits des Todes und vor allem jenseits der Geburt blicken können, auf dieses Thema lenken.

Wahrscheinlich wird dieses Wissen noch nicht gleich die großen Massen erreichen können. In dem Material ist viel, das missverstanden werden kann und in verschiedene Richtungen negativ oder reaktionär ausgelegt werden kann.

Nun, ihr meine Lieben wisst, was wir damit meinen und wisst auch, worum es uns dabei geht. Es kann für alle Beteiligten nur darum gehen – für die Eltern und vor allen Dingen für die Mütter und für deren Kinder – die Situation so zu verbessern, dass Kinder zu bekommen, sie großzuziehen und mit ihnen zu leben, wieder zu einer Freude werden kann. Dass es zu etwas werden kann, was Glück und Frieden hervorruft und vor allem Freude. Das Glück kann man selbst herbeiführen, wenn man in der Lage ist, die Umstände herbeizuführen. Dass man sich dann an seinem Glück erfreut, ist die andere Sache!

Entwickelte Mutter- und Vaterrollen

Wie wir glücklichere Zustände schaffen können, das wollen wir weiter ausführen. Wir möchten hier die Frauen anregen, ihre eigene Entwicklung so in die Hand zu nehmen, dass sie sich wieder bewusst werden, was es bedeutet, Ehefrau oder Partnerin, Hausfrau und Mutter zu sein. Wir möchten, dass sie sich bewusst werden, was es für einen Mann bedeuten kann, wenn hinter ihm eine Frau steht, die ihm sozusagen den Rücken für den Beruf freihält. Natürlich ist es heute auch andersherum möglich. Es kann genauso gut sein, dass ein Mann sich dazu entscheidet, eine Zeitlang zu Hause zu bleiben, damit seine Frau arbeiten kann. Am Schönsten wäre es, wenn man die Synergien so haben könnte, dass sich beide die Arbeit teilen; wohlgemerkt, wenn noch keine Kinder da sind.

Es wäre schön, wenn die Mutter den Freiraum zu Hause haben könnte, bis das Kind das schulpflichtige Alter mit 7 Jahren erlangt hat. Denn es ist nicht von ungefähr so, dass der Schulbeginn früher mit dem 7. Lebensjahr angefangen hat; zu dem Zeitpunkt, wo die Kinder die zweiten Zähne bekommen haben. In dieser Zeit wird der Geist des jungen Kindes frei, mehr intellektuelle Dinge aufzunehmen, die zum Beispiel in der Schule angeboten werden.

Nun, darüber ist schon gesprochen worden; das haben andere, schon vor uns, ausführlich mitgeteilt. Vor allem die Rudolf-Steiner-Schulen beziehen sich auf dieses Wissen und daran könnt ihr euch orientieren. Allerdings sind dort auch Fußangeln vorhanden, aber auf die wollen wir hier jetzt nicht eingehen. Dennoch wollen wir sagen, dass viele der Probleme die es heute an Rudolf-Steiner-Schulen (oder Waldorfschulen) gibt, auf den Dogmatismus, der vor allem die Auslegung von Anthroposophie betrifft, zurückzuführen sind. Inzwischen ist das auch für uns in der geistigen Welt zu einer Schwierigkeit geworden. Wir betonen, dass alles, was hier gesagt worden ist, nur Anregungen zum Nachdenken und für ein besseres Verständnis sein sollen, die im Idealfall zu mehr Sicherheit und Klarheit in euren Entscheidungen führen.

In anderen Sitzungen haben wir schon gesagt, dass die Kinder sich vor der Geburt mit ihren Eltern zusammen vorbereiten. Es ist eine gemeinsame Absprache, dass sie auf die Erde herunterkommen. Vor allem die Mutter hat sich mit ihrem Kind in der geistigen Welt, oft schon, bevor sie selbst auf die Erde gekommen ist, insofern abgesprochen, als dass sie sich verabredet haben, gemeinsam als Mutter und Kind zu inkarnieren.

All die bewussten und unbewussten Emotionen, die dann hochkommen, wenn eine Schwangerschaft stattfindet, sind natürlich stark, weil eigentlich alle Mütter und auch die Väter das Gefühl haben, wie man es richtig machen sollte. Nur ist es gesellschaftlich nicht mehr cool und es kommen die Ausflüchte, das Handeln – von dem man eigentlich mal mehr mal, weniger genau fühlt, dass es nicht richtig ist – zu entschuldigen. In der kopfmäßig durchgeplanten Karriere sollten sich deshalb immer auch Pausen zum Atemholen und Nachspüren befinden: „Stimmt das, was ich unter meinen damaligen Verhältnissen gedacht habe noch für mich? Fühlt es sich richtig an?" Ihr solltet dann den Mut haben, die Veränderungen durchzuführen, die sich aus diesen Gedanken ergeben.

Dadurch, dass Eltern dazu gedrängt worden sind, Verantwortung für Bildung und mehrheitlich auch für Erziehung in die Hände so genannter „Fachpersonen", die „professionell" damit umgehen, abzugeben, hat sich die Lage zugespitzt. Schulen und Erzieher kommen in die missliche Situation, für alles verantwortlich gemacht zu werden, was nicht richtig läuft. Umgekehrt hat das zur Folge, dass die Schulen bei Problemen dem Elternhaus den schwarzen Peter zuschieben.

Dass man an den Rahmenbedingungen etwas ändern sollte, ist noch keinem in den Sinn gekommen. Wir wollen hier dazu anregen: Macht euch zu diesem Thema Gedanken und findet für euch neue Wege. Vor allem, gebt eure Schöpfermacht, eure Kreativität nicht so leichtfertig aus den Händen! Gemeinsam und mit Liebe könnt ihr aus diesem Dilemma herauskommen. Es heißt nur, kreativ nach neuen Wegen suchen, die aus der Freiwilligkeit jedes Einzelnen heraus geboren sind.

Mentale Unterstützung dieser Kinder

Besonders hart trifft diese Situation die Kinder, die herunterkommen, um hier auf der Erde bestimmte Dinge in Gang zu bringen. Wenn diese Kinder kein adäquates Elternhaus und auch keine adäquate Bildung vorfinden, dann ziehen sie sich entweder schneller wieder zurück oder können ihre Mission nur unter erschwerten Verhältnissen durchführen. Es kann passieren, dass sie schon im Kindesalter oder als Jugendliche plötzlich sterben, oder sogar den Freitod wählen. Es kann auch vorkommen, dass sie ihr Potenzial nicht entwickeln können und durch die negativen Einflüsse der Gesellschaft von ihrem Weg abkommen. (Ein Anzeichen dafür, können beispielsweise Essstörungen sein, aber natürlich gibt es dafür auch andere Gründe.)

Wir haben am Anfang des Buches beschrieben, dass es so genannte Einzelkinder gibt und wie man diese Kinder erkennen kann. Wir haben dann versucht Eltern darauf hinzuweisen, dass es gut wäre, sich diesen Kindern auf sensible Art und Weise anzunehmen. Erklärt diesen Kindern, dass ihr sie versteht und ihnen helfen wollt, damit ihnen die Zeit möglichst leicht gemacht wird, bis sie auf eigenen Füßen stehen können.

Es ist nicht so gemeint, dass Eltern oder Mütter, die arbeiten gehen müssen, ein schlechtes Gewissen haben sollen. Im Gegenteil, wenn das Leben es mit sich bringt, dann sollt ihr das so annehmen. Aber es gibt Hilfestellungen, die wir jetzt aufzeigen wollen, die dem Kind seine Entwicklung erleichtern. Eine kraftvolle Möglichkeit ist die mentale Entlastung: Man kommuniziert auf der geistigen Ebene mit dem Kind und sendet ihm gedanklich Botschaften.

Kinder kommen aus der geistigen Welt und sind von dort aus gewohnt, mit Gedanken zu kommunizieren. Dadurch lesen sie aus Gedanken die Intentionen klar heraus – oft besser, als wenn man mit ihnen spricht. Man muss es nicht frontal machen, damit die Kinder nicht das Gefühl haben, dem Erwachsenen zur Last zu fallen; sondern wie nebenbei von der Seite.

Häufig kommen diese Kinder in eine Situation in der sie sich als Bürde empfinden und denken: „Wir sind doch heruntergekommen, um zu helfen und jetzt sind wir eine Last." Dann wollen sie sich an Kinder anpassen, die eine völlig andere Aufgabe als sie selbst haben. Dadurch, dass sie sich zu sehr den anderen angleichen, um mehr dem Durchschnitt zu entsprechen, kommen sie von ihrem Weg ab.

Weil sie so bildbar sind, kann es vorkommen, dass sie sich selbst plötzlich verloren haben und gar nicht mehr wissen, was sie ursprünglich wollten. Deshalb kommen Sinnfragen und Chaos in ihr Leben, sodass es oft Jahrzehnte dauert, bis sie wieder zu ihrer eigentlichen Aufgabe zurückfinden. Es wird eine große Erleichterung für sie sein, wenn man ihnen das Gefühl gibt, dass man sie versteht und weiß, warum sie da sind; dass man nicht von ihnen verlangt, so zu werden wie die anderen, sondern sie so schätzt, wie sie sind. Wenn man den Kindern dies in Gedanken, in Gesten und zum Teil auch in Worten zu verstehen gibt, wäre es eine enorme Entlastung.

Man muss sehr, sehr delikat und vorsichtig sein, damit man ihnen nicht das Gefühl gibt: „Jetzt muss er sich auch noch verbiegen, um mir zu zeigen, dass ich erwünscht bin." Denn dann haben sie wieder das Gefühl, der andere müsste das ja nicht machen, wenn sie wirklich erwünscht wären. Bisweilen kann eine seelische Empfindlichkeit entstehen, die wenn die Kinder erst mal einen bestimmten wunden Punkt haben, schwer aufzulösen ist.

Nun werdet ihr Kindern begegnen, die in so einer Lage sind und ihr

seid gar nicht die Eltern; oder ihr seid gar nicht verwandt mit ihnen; oder ihr seht sie nur von Weitem: in der U-Bahn, im Restaurant, auf der Straße – wo auch immer. Und ihr könnt manchmal bemerken, dass bereits ganz junge Kinder, zum Teil auch Babys, euch auf eine bestimmte Art und Weise angucken. Dann reicht es schon, dass ihr mit eurem Herzen mit ihnen kommuniziert und ihnen sagt: „Wir wissen, warum du hier bist und freuen uns darüber, dass DU da bist! Du kannst in Gedanken immer zu mir kommen und mein Wissen anzapfen. Ich bin hier auf der Erde da, und wenn du willst, kannst du in Gedanken zu mir kommen." Wenn ihr dies sagt, werden diese Kinder zu euch kommen – das werdet ihr oft bewusst gar nicht merken. Sie werden euch in der Nacht bestimmt Dinge fragen und mit euch besprechen. Dadurch, dass ihr hier unten auf der Erde seid und die Verhältnisse kennt, könnt ihr sie instruieren, dass sie nicht in solche Notlagen kommen. Ihr könnt ihnen aufzeigen, wie sie sich vor zu starken Übergriffen von anderen Kindern oder auch Erwachsenen schützen können, für die so ein starkes Licht oder so eine starke Energie, eine Bedrohung ist. Oder ihr könnt auch mit ihnen geistig sprechen und ihnen sagen, dass ihr sie erkennt und dankbar seid, dass sie gekommen sind und ihr glücklich seid, sie zu sehen. So eine Begegnung kann eine unglaubliche Kraft in dem anderen Menschen hervorrufen. Das ist wie ein Zufluchtsort, zu dem man sich zurückziehen kann. Für die Kinder ist es wie ein Wahrnehmen der geistigen Familie, wenn sie merken: "Es ist ein Netzwerk da, und obwohl ich die Strukturen auf der Erde noch nicht klar durchschaue, hat der andere mich gesehen."
Wenn ihr in die Lage kommt, mit Menschen zusammen zu sein, die ihr kennt und wo ihr so etwas wahrnehmt, versucht darüber zu sprechen und ein wenig von dieser Sache mitzuteilen. Es ist ganz besonders wichtig, dass sich diese Kinder in der Schule, im Kindergarten oder in der Krippe zuhause fühlen, erkannt werden und die Eltern ein gutes Verhältnis zu den Erziehern aufbauen.

Betreuung der Kinder durch andere Personen

Wenn das Kind im Kindergarten unglücklich ist, solltet ihr versuchen, eine passende Tagesbetreuung zu finden.
Wir sprachen bereits zu einem anderen Zeitpunkt, von der Möglichkeit

ein „Nanny-Granny-Ausleihprojekt" in Form eines Netzwerkes zu bilden. Hier können ältere Menschen, Männer und Frauen, zu freiwilligen Großeltern werden, die sich solcher Kinder annehmen und ihr spirituelles, geistiges, sowie physisches Wissen an diese Kinder weitergeben und einfach für sie da sind – auf eine freilassende Art und Weise. Diese Menschen müssen natürlich handverlesen sein. Es kann niemand sein, der das Kind energetisch auslaugt, sondern es müssen Menschen sein, die diese Dinge wissen und die sich bewusst, nachdem sie ihren Arbeitsalltag abgeschlossen haben, solchen Dingen zur Verfügung stellen. Es kann möglich sein, dass man einen finanziellen Ausgleich schafft. Es wäre jedoch schön, wenn diese Menschen das Geld nicht bräuchten, sondern es aus freien Stücken machen könnten. Wenn das Geld gebraucht wird, ist es natürlich klar, dass so eine Dienstleistung bezahlt wird.

Für besonders intelligente oder vielfältig begabte Kinder, die in der Schule nicht genug „Futter" kriegen, sind Eliteschulen gar nicht unbedingt das Richtige, weil dort so sehr auf Wettbewerb Wert gelegt wird und die Nahrung für die Seele völlig vergessen wird. Es wäre wichtig, dass diese Kinder durch die Herzens-Beziehung zu ihren Lehrpersonen an Wissen herangeführt werden, das dann ein Herzens-Wissen werden kann und nicht ein bloßes Kopfwissen ist.

Die Lebensalter spielen hier eine große Rolle. Ein Kind lernt in den ersten 7 Jahren vollständig anders, als zwischen 7 und 14 Jahren. Zwischen 14. und 21. Jahren muss noch ein weiterer neuer Griff gemacht werden.
Für die ersten 7 Schuljahre (7-14 Jahre) ist daher besonders wichtig, dass ein Mensch (oder mehrere) zur Verfügung steht, dem zuliebe das Kind lernt und mit dem es sich Eins fühlt beim Lernen.

Pubertät

Später, wenn das Kind etwas älter ist – zum Teil schon ab dem 10. oder 12. Lebensjahr – wenn bestimmte pubertäre Schwingungen eintreten und das Kind leicht ablenkbar ist, sollte ein etwas strengerer Duktus stattfinden, sodass Eltern und Lehrer die Kinder zum Teil mit Strenge dazu bringen, ihr Ziel weiter zu verfolgen. Denn in diesem

Alter ist es heutzutage durch die verschiedenen Ablenkungen im Alltag besonders leicht, dass die Kinder vom Weg abgebracht werden können.

Vor diesem Hintergrund ist beispielsweise der Computer ein Mittel, das sehr vorsichtig eingesetzt werden sollte. Eine Maschine kann nicht die Beziehung zu einem Menschen ersetzen und es ist nicht zu unterschätzen, wie vor allem Jungen in diesem Alter vom Computer abhängig werden können – wenn es um Wissensvermittlung geht, aber auch zum Teil von den Spielen. Kinder sind viel, viel weniger gefährdet, wenn eine Beziehung zu einem Erwachsenen da ist, der führen will – dem das Führen seines Kindes in Liebe ein Anliegen ist, was nicht bedeutet, dass das Kind zu seines Gleichen werden soll, sondern, der da ist, um der Seele des Kindes zu helfen, sich zu entwickeln – damit der Mensch später zu seiner eigenen Freiheit findet.

4. Sitzung

03.08.2009

Umbruch zum Wassermann-Zeitalter

Wir befinden uns in einer Zeit des Umbruchs. Das Kali Yuga[3] ist zu Ende gegangen und das so genannte Wassermann-Zeitalter soll jetzt beginnen. Das Fische-Zeitalter, der letzte Teil des Kali Yuga, ist zu Ende gegangen. In Kürze beginnt das Wassermann-Zeitalter und mit ihm der Anfang des neuen Sonnenjahres. Bis dahin befindet sich der gesamte Kosmos in einer Übergangsphase zwischen den Zeiten.
In dieser Zeit des Umbruchs braucht es menschliche "Leuchttürme", Menschen, die den anderen den Weg leuchten. Diese Kinder, von denen wir hier sprechen, sind solche Menschen.
Einzelkinder haben Mitte des letzten Jahrhunderts verstärkt angefangen, auf die Erde herunterzukommen – und es werden immer mehr. Es hat natürlich auch vorher immer solche Menschen gegeben; jedoch nicht in diesem Ausmaße.
Das neue Zeitalter steht erst am Anfang. Von den vielen Seelen, die jetzt dabei sein wollen, um den Übergang mitzumachen und sich selbst neu zu polen, kann es einigen passieren, dass sie verloren gehen.

Sie können durcheinander kommen und sich plötzlich auf der anderen Seite wiederfinden – dort, wo sie gar nicht hinwollten. Sie finden sich in einer Rolle wieder, die das Alte zelebriert, anstatt auf der Seite des Zukünftigen zu stehen. Sie stehen auf der Seite, die gerne auf den gewohnten Pfaden weitergehen möchte.
Deswegen werden Leuchttürme gebraucht, die anderen Menschen Licht und Liebe geben können, einfach da sind, und durch ihr Licht und ihre Liebe den Weg leuchten. Ein Leuchtturm steht immer an einem umkämpften Strand. An einem Strand mit vielen Klippen und an einem Stück Meer, wo unter der Meeresoberfläche Untiefen sind, an denen die Schiffe zerschellen können. Er steht an einem Ort, wo Winde und Meer tosen und branden. Ein Leuchtturm muss im Fundament auf der Klippe fest gemauert stehen.

---

[3] Sanskrit für Dunkles Zeitalter. Das Kali Yuga ist das letzte von vier Zeitaltern, den Yugas, der hinduistischen Kosmologie. Die Länge eines Yugas wird von dem Durchgang der Sonne durch alle Sternbilder bestimmt (Sonnenjahr).

Schaut euch dieses Bild an. Im übertragenen Sinne heißt das, dass dieser Leuchtturm in seiner Kindheit besonders gut gepflegt werden muss. Eltern und Erzieher sollten besonders starke Aufmerksamkeit auf die ersten Kindesjahre richten, damit das Kind mit einer soliden Basis aufwächst, sodass kein Sturm und kein Hochwasser, nichts, sie aus ihrer Grundfeste herausreißen kann.

Natürlich gilt was wir soeben gesagt haben auch für alle anderen Kinder. Für jedes einzelne Kind, egal wo es steht, wäre es gut, wenn die Kindheit so sein könnte, dass sie ihm eine Grundlage gibt, um im späteren Leben den Stürmen, die jetzt der Menschheit noch bevorstehen, standzuhalten.

Es ist für die Leuchttürme wichtig, dass sie an einem Ort stehen, wo sie gut sichtbar sind. Natürlich werden sie durch Wetter und Wind jeglicher Art und Weise umbraust und umkämpft; deshalb sollen sie eben besonders gut und fest gebaut sein. Und Eltern, die so ein Einzelkind haben, sollten berücksichtigen, ihr besonderes Augenmerk auf die Erziehung und Bildung dieses Kindes zu richten. Sie sollten sich zu Herzen nehmen, dass die Erziehung dieses Kindes ihre Königsaufgabe ist. Alles andere ist in diesen zwanzig Jahren nebensächlich, wo das Kind die gesamte Aufmerksamkeit der Eltern braucht.

(Wir wollen noch eine Nebenbemerkung machen: Dem Kind diese spezielle Aufmerksamkeit zu geben, soll nicht heißen, dass dieses Kind wie ein rohes Ei behandelt werden soll und alle Schwierigkeiten von ihm abgehalten werden sollen. Es kann bestimmte Dinge aushalten und es soll diese auch aushalten. Es soll sich schließlich an die Erde gewöhnen und soll auch merken, worum es eigentlich geht.) Die Eltern sollten versuchen, dem Kind die Lebensenergie zu geben, die es braucht. Uns wäre es lieb, wenn alle Eltern sich wieder mehr auf die Aufgabe besinnen würden, die eine wirkliche Aufgabe; ja, ein ernst zu nehmender Beruf für einen der beiden Eltern ist – ein Kind großzuziehen – und sich diese Spanne Zeit freizuhalten. Man kann sich das einteilen: eine Weile macht es der eine und dann macht es wieder der andere; wobei wir aber bemerken wollen, dass es eigentlich von der Natur der Sache her so ist, dass in den ersten Jahren die Mutter dem Kind zur Verfügung stehen sollte.

Das Bild der Heiligen Familie, das wir aus dem Christentum kennen, ist ein Bild jeder Familie. Jede Familie ist im übertragenen Sinne eine heilige Familie. Die Dinge, die im Leben des Jesus zu Anfang aufgetreten sind – mit all den Gefahren – dieses Bild ist im höchsten Sinne ein Wahrbild, auch für die Gefährdung jedes einzelnen Kindes auf seinem Lebensweg während der ersten Jahre (und jedes einzelne Kind ist kostbar und verdient es, so geschützt zu werden).

Durch das modernere Wirtschaftsleben und die damit einhergehende Emanzipation der Frau, die ganz, ganz wichtig ist, sind die traditionellen Familienstrukturen aufgebrochen worden, was für die ersten Kindheitsjahre Situationen mit sich bringen kann, wo alle Beteiligten unter Energieturbulenzen und -mangel leiden.

Vom Matriarchat über das Patriarchat zur Gleichheit

Wir wollen nun einen kleinen Exkurs machen, damit das Thema richtig verstanden wird. An anderer Stelle haben wir angemerkt, dass jetzt eine neue Zeit anfängt. Nach dem Zeitalter des Matriarchats gab es ein Zeitalter des Patriarchats und jetzt soll neu das Zeitalter anfangen, wo Mann und Frau in einer wirklichen, gleichberechtigten Synergie gemeinsam ihre Energien so zum Schwingen bringen, dass ein höheres Gemeinsames dadurch hervorgebracht wird. Keiner möchte mehr über den anderen herrschen.
Die karmischen Verwicklungen, die angehäuft wurden, sind jetzt auf beiden Seiten ausgeheilt und zum größten Teil aufgelöst; wo es eigentlich hinwill, ist eine Gemeinsamkeit zwischen Mann und Frau, sodass jeder das andere Wesen in der Dualität erkennen lernt. Man lernt, die Unterschiede wahrzunehmen, denn es ist nun einmal auf der Erde eine Realität, dass es Frau und Mann gibt und das die Frau einen anderen Körper hat, als der Mann. Dadurch, dass die Frau eine männliche Seele und der Mann eine weibliche Seele hat, folgt, dass jedes Individuum in sich vollständig ist.
In jedem Menschen gibt es durch das Vorhandensein der jeweils andersgeschlechtlichen Seele eine Kommunion zwischen männlichem und weiblichem Element.

Die noch höhere Kommunion, auf der physischen Erde, auf der irdischen, materiellen Ebene, kann erst stattfinden, wenn beide sich in

Erkenntnis des anderen Wesens miteinander verbinden. Menschen werden erkennen, dass sie verschiedene Inkarnationen hinter sich haben, wo sie sowohl die Erfahrung gemacht haben, ein Mann als auch eine Frau zu sein. Der Mensch erlebt, wenn er sich für dieses spirituelle Wissen öffnet, dass er beide Erlebnisse relativ ausgeglichen hatte. Wenn er dieses Wissen abruft, nimmt er seine Omnipotenz wahr. Es hat keinen Sinn mehr, das andere Geschlecht, welches ihm jetzt auf der Erde – mal scherzhaft gesagt – als Männchen oder Weibchen entgegenkommt, zu bekämpfen. Beide lernen, das jeweils andere Geschlecht in der ganzen geistigen Potenz zu erkennen, um auf der Erde eine wirkliche Gemeinschaft einzugehen. Dies ist eine Gemeinschaft, in der das männliche Wesen den Unterschied erkennt zu einer Frau, das weibliche Wesen den Unterschied erkennt zu einem Mann. Aus dieser höheren Erkenntnis heraus entsteht eine Gemeinschaft die eine wirkliche Hochzeit, eine göttliche Einheit oder auch heilige Einheit, hervorbringt, in der man nicht mehr um das Vorrecht kämpft, hier auf der Erde über den anderen in irgendeiner Art und Weise Macht zu gewinnen, sondern, dass man den anderen, in dem was er ist, wahrnimmt. Dadurch wird jeder seinen Platz einnehmen können, der ihm in dieser Inkarnation aufgrund seiner eigenen Schöpfung zubereitet worden ist – den er sich ausgesucht hat. Jeder wird diesen Platz in Demut und vollständiger Hingabe einnehmen und dann auch ausfüllen. Dazu gehört unter anderem die rein physiologische Möglichkeit für eine Frau neun Monate lang ein Kind zu tragen, um dieses zu gebären. Und es gehört für einen Mann dazu, dass ihm das versagt ist; dass sein Körper dieses nicht tun kann. Dafür hat er eine andere Aufgabe. Er hat die Aufgabe eine energetische Hülle um seine Frau und um das entstehende Kind zu bilden (das können auch geistige Kinder sein). Dieses wird viel zu wenig in Betracht gezogen und deswegen fühlen sich Männer oft ausgeschlossen und fangen an, gegen das Weibliche zu kämpfen. Sie wissen plötzlich gar nicht mehr, was mit ihnen geschieht. Sie werden in einen Sturm von Emotionen hineingerissen; zurückgerissen in die Pubertät, wo sie mit ihrer Mutter und mit ihrem Vater gerangelt haben, um sich selbst frei zu fühlen, um ihren eigenen Willen freizustrampeln und sich energetisch auf eigene Beine zu stellen.

Jeder Mensch, der hier feinfühlig auf das was wir gesagt haben, hingehört hat, kann mit seinen eigenen Gedanken, unter

Einbeziehung des Herzens, seine eigene Biografie vollständig zu Ende denken. Wir brauchen gar nichts mehr anregen. Ihr werdet euer eigenes Erdenleben vor euch sehen. In vielen Fällen werden euch manche Inkarnationen schlagartig bewusst werden. Auch wenn ihr nichts seht und vielleicht nur im Traum darauf aufmerksam gemacht werdet, werdet ihr die Wahrheit dessen gefühlsmäßig empfinden können. Euch wird nach und nach das ganze Bild klar.

Ein Mann kann keine Schwangerschaft in seinem Körper vollziehen. Ihm ist es gegeben, mit dem Spermium den Impuls für die Entwicklung eines Menschen in der materiellen Erdenwelt im Körper der Frau einzuleiten und dann den Schwangerschaftsprozess und später den Werdeprozess des Kindes mit seiner männlichen Energie zu begleiten. Diese männliche Energie besteht darin, eine Schutzhülle um seine Frau und das Kind zu bilden.
Wenn man das als Bild beschreiben wollte, könnte man dies damit vergleichen, dass euer physischer Körper auch einen Schutz braucht; zum Beispiel die Hülle der Kleidung, die Hülle des Hauses und dann weiterhin die Hülle der Lebensgemeinschaft: Dorf, Stadt etc., die Hülle des Volkes, des Landes, des Erdenortes, auf dem ihr euch befindet. Eine bestimmte Kultur gibt wieder eine energetische Hülle durch die Gedanken, die die Menschen haben, durch die Sprache, die sie sprechen, und so weiter. Ihr müsst euch vorstellen, dass als Hüter dieser Hüllen jeweils Engelswesen zur Verfügung stehen, die diese Kultur aus der geistigen Welt heruntergeholt haben, indem sie bestimmte Menschen, die die Kultur besonders stark geprägt haben, inspiriert haben und immer noch inspirieren. So sind zum Beispiel auch die verschiedenen Sprachen entstanden. Diese Engelswesen sind immer noch da und wirken unter anderem als Zeitgeister, als Volksgeister und als Geister, die zu einer bestimmten Region, einem Landstrich gehören und dort die Lebenskräfte der Natur und die Elementarwesen regieren. So gibt es an verschiedenen Orten, verschiedene Erlebnisse, die Menschen mit der Natur haben können.

Im Moment ist alles sehr stark dabei sich zu öffnen, zu wandeln, weil jetzt ein neues Zeitalter anbricht, in dem das Matriarchat und Patriarchat ausgesöhnt werden sollen. Das führt zu einer umfassenden geistigen Erkenntnis der zugrunde liegenden Notwendigkeiten und der zugrunde liegenden Gesetzmäßigkeiten, auch der relativ schwerfälligen, weil sehr komplexen, physischen Gesetzmäßigkeiten. Dazu gehört, dass Mann und Frau unterschiedliche Körper, mit unterschiedlichen physischen Aufgaben haben. Dieses wird sich wieder angleichen und dann wieder Eins werden, indem Mann und Frau eine energetische Einheit bilden, die sie sehr, sehr stark macht; in welcher karmische Dinge aus der Vergangenheit keine Rolle mehr spielen, wo das alte Karma ausgelitten, ausgeheilt worden ist. So können sich Mann und Frau auf einer neueren, höheren Ebene begegnen. Es wird kein neues Karma auf der Erde, im alten Sinne, angehäuft.

Diese Seelen, die jetzt herunterkommen, bereiten die neue Erdbevölkerung vor und es ist sehr wichtig und ihnen ein großes Anliegen, dass auch die Entwicklung der anderen Seelen, die jetzt noch Karma haben, vorangebracht wird. So, dass sie das in dieser Inkarnation oder in den nächsten wenigen Inkarnationen, die sie haben, möglichst soweit in Ordnung bringen, dass es ausgeheilt, abgeschlossen ist.

Und dieses ist, im Grunde genommen – ja, wir wollen das etwas provokativ sagen – leicht. Es ist dann leicht, wenn man die Liebe und die Vergebung in Betracht zieht. Besonders wichtig ist es uns, darauf hinzuweisen, dass es oft schwerer ist, sich selber für eine unerwünschte Handlung, ein unangemessenes Wort oder einen unschönen Gedanken zu vergeben. Dies ist jedoch die Voraussetzung für jegliche Art der Vergebung auch gegenüber anderen Menschen. Es braucht auf der einen Seite nur die Frage nach Vergebung und auf der anderen Seite das Einwilligen in die Vergebung, sodass eine Aussöhnung stattfinden kann. Dieser Weg ist nicht immer leicht gangbar. Es wird in manchen Fällen notwendig sein, dass einer Seele Gelegenheit gegeben wird, Karma durch Taten auf der Erde in Ordnung zu bringen – und das wird auch immer noch möglich sein. Wir wollen den Kreis jetzt schließen. Der Feminismus ist auf den Plan der Erde gekommen, um das Patriarchat zu beenden. Es ist klar, dass nach der feindlichen Übernahme durch die Männer, die damals das Matriarchat abgeschafft haben, um es durch das Patriarchat zu ersetzen, die jetzige Gegenbewegung auch nicht ohne Kämpfe auskommen würde. Die Abschaffung des Patriarchats zu Gunsten der Auflösung dieser beiden Extreme, zu Gunsten des heilenden Dritten, kann auch nicht ganz einfach ohne Turbulenzen erreicht werden.

Diese Turbulenzen habt ihr in den letzten Jahren erlebt und erlebt sie noch immer. Sie bringen Verwirrungen oder Missverständnisse mit sich.

Bei einem wirklich großen Umschwung gibt es eine Gesetzmäßigkeit, die besagt, dass im Kleinen noch einmal etwas Früheres wiederholt wird – sodass die Frauen aus ihrem Unterbewusstsein heraus dachten, sie müssen das Matriarchat wieder einführen. Wie damals die alten Griechen im Bild der Amazonen beschrieben haben, versuchen die Frauen jetzt alles zu tun und zu sein, was die Männer vorher getan haben und waren und diese von ihren Plätzen – mal scherzhaft gesagt – zu verdrängen. Frauen wollen es genauso machen, wie Männer es gemacht haben und behaupten, dass sie alles viel besser machen können. Selbst der Krieg, das Töten von Menschen oder ganz schwere körperliche Arbeit ist nicht mehr nur Domäne der Männer. Dabei ist es heute überhaupt gar nicht mehr nötig, denn die ganz schwere körperliche Arbeit wird oft von Maschinen verrichtet.

Diese Dinge sind in der Übergangsphase normal.
Es soll Neues entstehen. Und damit dieses Neue entstehen kann, sollen jetzt diese Gedanken hereinkommen: Dass eine Frau, genau wie jeder Mann, alle Möglichkeiten hat, jeden Beruf zu ergreifen, den sie gerne ergreifen möchte.
Aber das ist nicht der Punkt. Der Punkt ist, dass die entsprechende Seele sich ausgesucht hat, im Moment noch, einen weiblichen oder einen männlichen Körper zu haben und die jeweiligen Erfahrungen als Mann oder als Frau hier auf der Erde machen zu wollen; und das dieses auch der Seele ermöglicht wird. Jetzt, im neuen Zeitalter, kann den neu herunterkommenden Seelen eine völlig neue Erfahrung ermöglicht werden; nämlich die, in Vollkommenheit ein weibliches Leben oder ein männliches Leben zu leben, ohne Macht über das andere Geschlecht haben zu wollen. Anstelle dessen tritt der vollständig harmonische Energieaustausch in der Erkenntnis dessen, was ist.

Dadurch wird eine höhere Energie erschaffen, die eine unvorstellbare Potenzierung der menschlichen Kraft, des menschlich Guten auf der Erde, zu Stande bringen wird. Die Grundlage, dass das stattfinden kann, ist Liebe. Dieser Umschwung kann nur in Liebe stattfinden, ohne die alte Macht auszuüben. Macht als solches, die "neue Macht", wollen wir nicht negativ beurteilen. Macht ist etwas Positives; die

Schöpfermacht Gottes ist ein positiver Akt. Die Frau soll ihre Macht ausüben, bis ins Volle ausschöpfen, und der Mann soll seine Macht bis ins Volle ausschöpfen. Und wenn diese beiden vollständigen Individuen – eine Frau, die ganz und gar Frau ist und ganz und gar zu ihrem Frau-Sein steht, weil sie es versteht, was es bedeutet eine Frau zu sein; ein Mann, der ganz und gar zu seinem Mann-Sein steht, weil er es versteht, was es bedeutet ein Mann zu sein – sich in Freiheit zusammentun, kann eine ganz neue Energiequalität entstehen. Und weil die beiden Individuen auf einen Lebensweg, auf einen Inkarnationsweg auf der physischen Erde zurückblicken, können beide sehen, sie waren soundso oft als Mann und als Frau inkarniert und haben all die Erfahrungen gemacht, die damit zusammenhängen; in der Dualität; auch in der Negativität, die in der Erdentwicklung vorhanden ist. Wenn so zwei Individuen in Liebe zusammenkommen und in der Hochachtung dessen, was der andere hier auf der Erde repräsentiert, dann braucht ihr nur dahin zu denken, um zu sehen, was das für einen Quantensprung ergibt.

Das beinhaltet dann auch die Heilung aller auf der Erde jemals stattgefundenen Wunden und Kränkungen, weil das nur in der höchsten, spirituellen, emotionalen und gleichzeitig physischen Liebe stattfinden kann. Diese Menschen sind so hoch entwickelt, dass sie ihr ganzes Wesen in Freiheit verstehen und gleichzeitig sich selbst, wie auch jeden anderen, lieben.

Das ist der Ausblick, wo die momentane Entwicklung hinzielt – wo die Menschheitsentwicklung hinsoll und auch hinwill: Die Teilung der Geschlechter, die Trennung der Geschlechter, die an einem bestimmten Ort durch die Gottheit vorgenommen worden ist, wird in Beibehaltung der Geschlechter trotzdem aufgelöst. Gleichzeitig wird auch die Antischöpfung aufgelöst, ausgeheilt und in die Schöpfung hinein zurückgeführt. (Wobei da noch nicht das letzte Wort gesprochen ist, weil das aus Freiheit geschehen muss.)

Nach den Turbulenzen der vergangenen hundert bis zweihundert Jahre wollen wir die Frauen ermutigen, ihr Frau-Sein neu zu überdenken und wollen auch die Männer ermutigen, ihr Mann-Sein neu zu überdenken, sodass aus einer inneren Erkenntnis heraus eine neue Verbindung zwischen Mann und Frau geschaffen wird.

Wir wollen noch hinzufügen, dass viel stärker auf die unterschiedlichen Aufgaben geachtet werden sollte, die verschiedene Lebensalter mit sich bringen. Euch ist sicher aufgefallen, dass die Frauen in unserer westlichen Welt heute die Kinder später zur Welt bringen, als es früher üblich war. Erst kommen Bildung und Ausbildung, dann Partnerschaft und dann Kinder.

Viele Frauen werden heute in die Richtung gedrängt, zu denken, sie müssten ohne Unterbrechung den Beruf ausüben, den sie gelernt haben. Dabei könnte man das ein wenig korrigieren: Du hast jetzt eine Ausbildung und das ist gut und richtig. Irgendwann bekommst du ein Kind und das Großziehen der Kinder ist dann eine zweite Ausbildung. Wie lange das in Anspruch nimmt; drei, sieben, zwölf, vierzehn oder achtzehn Jahre; musst du entscheiden. Es kann auch sein, dass du nebenbei, in gewisser Hinsicht, weiter an deiner Ausbildung, in deinem Beruf, den du vorher gelernt hast, arbeitest. Es kann auch sein, dass du völlig andere Dinge kennenlernst, die dich plötzlich interessieren, die du dann durch die Bildung deiner Kinder lernst.
Uns ist es sehr wichtig, dass es in die Kultur Einzug hält, dass das Erziehen von Kindern als Mutter oder Vater im Hauptjob ein Beruf ist, der ernst zu nehmen ist, der gesellschaftlich viel stärker anerkannt werden müsste. Da der umkämpftere Teil momentan bei der Frau liegt, gehen wir hier besonders darauf ein. Aber die Frau muss sich darüber klar werden, wenn sie jetzt dreißig Jahre alt ist und dann zwanzig Jahre lang ein Kind, oder mehrere Kinder, begleitet, dass sie dann schon fünfzig Jahre alt ist, wenn sie ihren Beruf wieder ausüben kann – und das wollen viele Frauen nicht. Im Moment ist das bei vielen Frauen mit ihrem Lebensplan nicht in Übereinstimmung zu bringen; und das ist auch gut so. Zieht Möglichkeiten in Betracht neue Synergien zu erschaffen und einander zu helfen. So sollten sich Frauen über ihre eigenen Erfahrungen und Wünsche ehrlich und frei austauschen, und über das, was sie wirklich innerlich wollen und wie sie es wollen. Dass Frauen von ihrem Mann nicht abhängig werden wollen, ist leicht zu verstehen und begründet. Während der Zeit des Patriarchats wurden sie unter anderem durch das Kinderkriegen in Abhängigkeit gehalten. Wenn eine neue Partnerschaft zwischen Mann und Frau entsteht, die dem neuen Sinne entspricht, den wir beschrieben haben, wird Abhängigkeit nicht mehr das Thema sein können, da es dann gar nicht mehr zur Diskussion steht.

Mit diesen offenen Worten – wo es viel noch zu sagen gäbe, aber auch von eurer Seite noch viel weiterzudenken ist, und Initiativen, Energien auf der Erde zu erschaffen sind – wollen wir abschließen. Es ist nicht unsere Aufgabe, dies jetzt mit noch mehr Leben zu füllen. Unsere Aufgabe ist nur, auf kleine Verwirrungen oder Denkfehler hinzuweisen, die da sind, die auch verständlich sind, die aber die Entwicklung der Menschen und auch eure eigene Entwicklung als Frau oder Mann, mehr oder weniger behindern, weil sie euch wieder zurück in die alten Zeiten reißen wollen, die nicht mehr relevant sind. Das Thema gibt bestimmt genug Gesprächsstoff für kommende Wochen und Monate und sicher Fragen, die ihr stellen wollt. Dazu möchten wir euch ermuntern und wir wollen sagen, dass wir große Dankbarkeit empfinden, dass wir diese Dinge hier aussprechen dürfen und dass unser Segen bei euch ist.

5. Sitzung
04.08.2009

Herzensbildung

Viele Leser werden schon gemerkt haben, dass dieses Einzelkind-Sein durchaus nicht nur auf die heutige Zeit beschränkt ist, sondern schon im vergangen Jahrhundert – ungefähr zum Ende des Zweiten Weltkriegs – angefangen hat. Seitdem werden es immer mehr. Damals war der Druck auf die Mütter, das Kind in einer bestimmten Art und Weise aufzuziehen, noch nicht so groß wie heute.

Dieser Leistungsdruck hat in den letzten dreißig Jahren extrem zugenommen. Es gab beispielsweise auch in der DDR trotz der sozialistischen Planwirtschaft Freiräume. Diese Freiräume sind in den letzten Jahren durch die Globalisierung, durch die Digitalisierung, auch durch das sklerotische Kopfwissen, das in junge Kinder schon hineingepfercht wird, fast verschwunden.

Als Vorwand für diese Art der Wissensvermittlung werden wirtschaftliche Gründe angegeben: Man möchte die Kinder auf ihre spätere Aufgabe vorbereiten, in der Gesellschaft zu funktionieren. Damals hatten diese Dinge noch nicht diese Brisanz.

Heute ist es so weit gekommen, dass sich Lehrer, Erzieher und auch Eltern in Zwangsjacken befinden, die sie im Grunde genommen selbst mit geschaffen haben, ohne sich dessen bewusst zu sein. Alle wollten etwas Gutes für ihre Kinder, aber was bedeutet das? Was ist in der Erziehung „gut"? Was wir beobachten ist, dass vieles, was für die gesunde Entwicklung von Kindern schädlich ist, als gut und gesund verkauft wird. Die Kinder sind die am stärksten Leidtragenden. Dieser Entwicklung muss unbedingt entgegengewirkt werden und es wächst mittlerweile das Bewusstsein, dass das ganze Erziehungs- und Bildungswesen in großen Kalamitäten steckt. In einer vorherigen Sitzung haben wir bereits erwähnt, dass es besonders bedauerlich ist, dass Eltern, Lehrer und Erzieher nicht auf eine gute Art und Weise zusammenarbeiten, sondern sich gegenseitig die Schuld zuschieben, wenn etwas nicht klappt – das ist ein krankhaftes und psychotisches Verhalten. Wenn es sich bei den Verantwortlichen um freie, gesunde

Menschen handeln würde, dann wären solche Schuldzuweisungen nicht denkbar. Ihr könnt daran erkennen, dass Erzieher, Lehrer und Eltern in Strukturen hineingepresst werden, die psychotische, krankhafte Zustände hervorrufen. Es ist heutzutage kaum noch möglich, als Erwachsener mit gesundem Menschenverstand und einer gewissen Herzensbildung – es geht ja um die Erziehung von Kindern – mit Lehrern und Erziehern zusammenzuarbeiten. Eigentlich liegt allen dasselbe am Herzen: die Bildung der Kinder. Mit Bildung meinen wir Bildung im althergebracht-humanistischen Sinn und nicht nur das Einpauken von abstraktem, sehr vergänglichem Wissen. Bildung ist eine Herzensangelegenheit, weil es sich beim eigenen Kind um das Kostbarste handelt, was ihr anderen Menschen anvertrauen könnt – und das wissen Erzieher und Lehrer.

Um das krankhafte Miteinander zwischen Lehrern, Erziehern und Eltern aufzulösen, wäre es wichtig, wieder die geistigen Aspekte einzubeziehen. Es wäre wichtig, wenn ihr berücksichtigen würdet, dass Kinder im Laufe ihrer Entwicklung, im Laufe ihres Lebens, ihre eigene Realität schaffen werden, weil sie geistige Wesen mit einer eigenen Schöpfermacht sind. Es kann nicht angehen, Kinder schon im jungen Alter im Hinblick auf Dinge zu prägen, die, wenn sie selbst erwachsen sind, schon wieder vollständig veraltet sein werden.

Die Kinder bringen ihre eigene Zukunft mit und da wäre eine Herzensbildung viel angemessener, als das, was heute gelehrt wird. Die Herzensbildung ist eine menschliche Bildung, die menschliche Werte vermittelt und sie ist vor allem auch eine psychologische Bildung, die zu einem Verständnis führt, was ein Mensch eigentlich ist. Weiterhin wäre es sehr wichtig, den Kindern beizubringen, wie sie sich selbst bilden können, sodass sie sich, entsprechend ihrer Interessen, Wissen selbst aneignen können und lernen, mit dem Lernen kreativ umzugehen.

Es ist nicht nötig, junge Kinder schon mit abstraktem Schulwissen vollzustopfen, welches in zehn Jahren sowieso veraltet sein wird. Betrachtet einmal, wie schnell die Forschung in den letzten Jahren fortgeschritten ist.

Die Wissensvermittlung sollte sich ändern und auf die einzelnen

Kinder zugeschnitten werden. Lehrer, Eltern und Erzieher müssen mehr miteinander reden. In Anbetracht dessen, dass man ein Kind vor sich hat, welches geleitet und geführt werden will und soll, ist es wichtig, einen gesunden Austausch zu haben, der das Wohl des Kindes im Auge hat. Die Verantwortlichen sollten großzügige, liebevolle und verständnisvolle Erwachsene sein, die einen größeren Horizont vor sich sehen als den, welches das heutige Wirtschaftssystem bieten kann. Wir haben das gesamte Geistesleben aller Kulturen der Erde als einen Schatz zur Verfügung. Auch die ethische Geschichte, die verschiedenen Religionen bieten einen unglaublichen Reichtum an Bildern, an Gedanken, die man an Kinder herantragen könnte – auf eine schöne Art und Weise – um die junge Seele zu nähren.

Geschichten sind bessere Nahrung als Lesen, Schreiben und Rechnen, das Kindern viel zu früh beigebracht wird und worauf manche von ihnen mit Legasthenie [4] oder Dyskalkulie [5] reagieren, um zu zeigen: „Wir sind jetzt noch nicht dazu bereit. Unsere Seele braucht jetzt noch etwas anderes!"
Es ist interessanterweise so, dass wenn Legastheniker ein bestimmtes Alter erreicht haben, man ihnen mit individuell zugeschnittenen Programmen sehr gut helfen kann.
Dabei ist ein einzelner Betreuer dafür verantwortlich, mit dem betroffenen Kind ein- bis zweimal die Woche auf individuelle Weise zu lernen und zu arbeiten. Aufgrund dieser notwendigen Spezialbehandlung wird eine Lernschwäche als Krankheit dargestellt, obwohl es im Grunde gar keine Krankheit ist. Wenn das Schulsystem angepasst und auf Kinder mit Legasthenie oder Dyskalkulie eingestellt wäre, würden solche Kinder die Schulzeit absolvieren, ohne jemals das Gefühl haben zu müssen, schlechter zu sein als andere. Es zeugt von einem puren Unverständnis der kindlichen Entwicklung, dass man dieses hohe Ross, „Lesen und Schreiben Lernen", schon so früh an manche Kinder herantragen will. Es wäre für viele Kinder, vor allem Einzelkinder, wünschenswert, dass sie ab und zu Einzelunterricht bekommen könnten.

------

[4] Lese-Rechtschreib-Schwäche, bei der die Betroffenen Schwierigkeiten haben, die gesprochene Sprache in geschriebene Sprache, und umgekehrt, umzusetzen.

[5] Entwicklungsverzögerung des mathematischen Denkens bei Kindern, Jugendlichen und auch Erwachsenen, z.B. Rechenschwäche.

Manche von ihnen brauchen das sogar, um sich gesund entwickeln zu können.

Es wird aus dieser Unkenntnis heraus auch nicht gesehen und verstanden, dass das Lesen- bzw. Schreibenlernen völlig anderen geistigen Gesetzen unterliegt als das Rechnenlernen. Das betrifft sowohl das Alter der Kinder, als auch die Art und Weise des Unterrichtens.

Es gibt aber auch andere Kinder, denen es in die Wiege gelegt ist, Lesen, Schreiben oder Rechnen schon viel früher zu erlernen – das ist für sie ganz normal. Dies dürfen und sollen sie auch, denn sie haben eben einen anderen Plan und bringen deshalb andere physische und mentale Voraussetzungen auf die Erde mit. Aber bei den anderen, für die das offensichtlich uninteressant, sogar Furcht erregend ist; warum kann man hier nicht damit warten, bis sie 10, 12 oder auch 14 Jahre alt sind? In diesem Alter kann man auf ihren reiferen Willen zugreifen und ihnen viel leichter Lesen und Schreiben beibringen.

Und beim Rechnen: Warum kann man da nicht das, was dem Rechnen geistig zugrunde liegt, wie den Rhythmus, zu Hilfe nehmen? Würde man mehr rhythmisch Zahlen und Zahlenzusammenhänge lehren, würden viele Probleme gar nicht erst auftauchen. Den Kindern, bei denen ihr merkt, dass ihnen Mathematik und/oder Lesen und Schreiben schwerfallen, müsstet ihr mehr Zeit geben und sie sanft an die Thematik heranführen, ohne sie zu stigmatisieren und ihnen durch schlechte Noten oder Gedanken mitzuteilen, dass sie irgendwo beschränkt oder behindert sind.

Diese Grundeinstellung sollte auch auf andere Dinge angewendet werden, jedoch ist es beim Rechnen und Schreiben besonders stark ausgeprägt, da den jeweiligen Kulturtechniken ein viel zu hoher Stellenwert beigemessen wird.
Viel von der sprachlichen Kreativität, die Kinder mit auf die Erde bringen – wie neue Sprachschöpfungen oder auch diese lustigen „Verhörer" [6], ein Riesenpotenzial an Freude, Spaß, Humor – nehmt ihr ihnen so von vornherein weg.

---

[6] „Verhörer" sind Worte, die nicht richtig identifiziert, also verstanden werden und

Auch Kinder, die durchaus gute Ohren haben, hören ab und zu andere Dinge, als gesagt werden. Erzieher sollten diese Dinge wahrnehmen, damit schöpferisch umgehen und in einem ernsthaften Gespräch mit den Eltern so zusammenarbeiten, dass es wirklich zum Wohle des Kindes ist, ohne es zu stigmatisieren. Besser wäre es, wenn ihr das Besondere dieses Kindes mit Dankbarkeit erkennt und fördert, indem ihr mit dem Kind versucht zu spüren, welchen Plan dieses Kind für seinen Lebensweg hat – natürlich in der allergrößten Demut. Es gibt nichts Schlimmeres, als wenn Eltern schon genau in allen Einzelheiten sehen, welchen Weg das Kind zu gehen hat und das Kind innerlich zu sich selbst sagt: „Na ja, dann also; mach ich halt, wie die das wollen." Das führt in der Pubertät oft zu Problemen, was allerdings gut ist, da für alle Beteiligten die Chance besteht, zu sich selbst zurückzufinden – und das bedeutet Heilung.

Versteht bitte richtig, was wir meinen: Wir meinen, dass man in Betracht zieht, dass ein Kind einen eigenen Lebensweg hat. Man wird als Eltern oder Erzieher mithilfe vieler kleiner Dinge darauf hingewiesen. Man sollte dem Kind die Steine so weit wie möglich wegräumen, die von unserer Gesellschaft aus Unwissenheit oder Dekadenz in seinen Weg gelegt wurden. Ansonsten braucht es Krisen, um eine Wandlung und Entwicklung einzuleiten.

Reformation des Erziehungs- und Bildungssystems

Den Anfang müssten die Eltern machen. Erzieher und Lehrer können diesen Prozess nur schwer beginnen, da sie an ein Arbeitsverhältnis gebunden sind, welches sich in einer gewissen Schräglage befindet. Im Grunde müssten die heutigen Arbeits- und Wirtschaftsverhältnisse genauso dringend reformiert werden, wie das Bildungssystem. Bildung ist heute auch eine Ware. Diese Ware wird von den Politikern gehandelt und von der Wirtschaft manipuliert.

Das Wirtschaftssystem krankt an ganz ähnlichen Missverständnissen oder leidet unter ganz ähnlichen Voraussetzungen wie das

---

von dem Hörer mit einem anderen passenden Wort ersetzt werden. Bisweilen kann eine Hörschwäche vorliegen und das muss man abklären, aber wie das betroffene Kind kreativ damit umgeht, sollte man nicht außer Acht lassen!

Erziehungssystem. Auch hier fehlt ein richtiges Miteinander, obwohl Wirtschaften ebenfalls etwas ist, wo Menschen miteinander arbeiten. Durch Synergien und Dienstleistungen verschiedener Menschen wird zusammen etwas erzeugt, was allen dient.

Wenn Wirtschaftsverhältnisse herrschen, in denen der einzelne Mensch nicht gesehen wird, sondern nur als Maschine ohne Herz und Seele, ohne Geist oder eigenen Willen angesehen und ausgebeutet wird, dann wird das Wirtschaftsleben krank – dementsprechend kranken die Produkte. Diese können nicht einer gesunden Entwicklung von Erde und Mensch dienen.

Aber wenn man mit dem Herzen dabei ist und auch den anderen Menschen in seine Gedanken einbezieht, wird sich das sofort zum Besseren wenden.

Wenn ihr euch die beiden folgenden Weisheiten zu Herzen nehmt, könnte sich viel zum Guten wenden: „Was du nicht willst, dass man dir tu, das füg auch keinem anderen zu."

Und: „Liebe dich selbst und liebe deinen Nachbarn, so wie du dich selbst liebst." (Wir haben dieses Christuswort ein wenig abgeändert.) Diese Grundsätze sollten in der Wirtschaft mehr berücksichtigt werden. Dann würde sofort eine Erleichterung eintreten. Ihr könnt das natürlich unterstützen, indem ihr wachsam seid als Verbraucher.

Wir wollen wieder zum Thema kommen.

Eltern und Lehrer sind verquickt in einem schräg liegenden Wirtschaftsprozess. Indem Lehrer ihre Arbeit als Dienstleistung anbieten und dafür Geld bekommen, nehmen die Eltern deren Arbeit als ein Dienstleistungsprodukt wahr, wo das Herz angeblich nichts zu suchen hat (Kinder sehen das ja anders). Es hat da aber etwas zu suchen. Wenn ich als Lehrer oder Erzieher meine Arbeit herzlos mache, dann würde kein Elternteil sein Kind gerne zu mir schicken. Das ist ein Widerspruch in sich. Im Erziehungswesen wird versucht mit allen möglichen Evaluationen einen Standard künstlich zu kreieren, wie das im Wirtschaftsleben praktiziert wird, aber im Bildungswesen völlig deplatziert ist. Natürlich müssen Erzieher und Lehrer von etwas leben und sie müssten nach unserer Meinung das allerhöchste Managergehalt bekommen – mit noch viel höheren Boni als alle Manager der Erde. Sie müssten so viel Geld zur Verfügung haben, dass sie eigentlich kein Geld verdienen bräuchten, sodass sie ihre Arbeit aus purer Freude machen könnten. Dann würde sich da etwas zurechtrücken. Das geht im Moment jedoch nicht.

Eltern müssen versuchen, eine Gesundung in dieses System hineinzubringen, indem sie Lehrer und Erzieher erwürdigen, mit ihnen wieder ins Gespräch zu kommen – und zwar in ein persönliches Gespräch von Mensch zu Mensch mit Herz.

Nun werden viele Eltern, deren Kinder in staatlichen Schulen sind, lachen und sagen: „Die Lehrer lassen uns ja nicht rankommen. Da ist so ein Riesenapparat dahinter und keiner der Lehrer zeigt sein wahres Gesicht, weil sie solche Angst haben." So verfahren ist die ganze Geschichte.

Dennoch könnt ihr auch diesmal im Kleinen anfangen, denn das Kleinste entpuppt sich wieder einmal als das größte Mittel, das ihr habt: Fangt mit euren eigenen Gedanken an.

Dankt in Gedanken den Erziehern und den Lehrern eurer Kinder für die Arbeit, die sie machen, obwohl sie in dieses System eingepfercht sind. Mit anderen Worten, unterstützt sie! Wann immer sich die Möglichkeit ergibt, auf eine positive Art und Weise mit den Erziehern zu sprechen, solltet ihr dies tun und die Möglichkeit wahrnehmen, euch für ihre Arbeit, und nicht nur für die Noten, zu interessieren. Interessiert euch für die menschliche und fachliche Seite der Lehre und für andere Kinder; es leben noch andere Kinder neben euren eigenen. Und eine Gruppe besteht schließlich aus vielen einzelnen Individuen. Wenn man sich dafür interessiert und den Blick auch für das Soziale in der Gruppe öffnet, fällt das auch positiv auf das eigene Kind zurück. Und das tut einem Einzelkind und allen anderen Kindern sehr gut. Wenn Einzelkinder sehen und spüren, dass ihre Eltern mit einer gewissen Abgeklärtheit, Gelassenheit, Herzenswärme und Herzensbildung und einer gesunden Psyche an Probleme herangehen, entlastet das alle Kinder enorm. Die eigenen Kinder werden nicht dazu benutzt, um die eigenen Traumen aus der Kindheit und Schulzeit aufzuarbeiten oder vor sich herzuschieben, das heißt, auf die Kinder zu projizieren. Stattdessen ist jeder Einzelne für seine eigene Psyche und Auflösung von Traumen verantwortlich. Das ist ein Schulungsweg, der keinem Individuum erspart bleibt. Jeder der ihn gehen darf, sollte dankbar dafür sein, weil er ein enormes Potenzial beinhaltet.

Das erwarten die heutigen Kinder von uns. Sie erwarten, dass Eltern den ersten Schritt auf Erzieher zumachen, wenn sie ihre Kinder in die

Schule oder den Kindergarten geben.

Wenn die Eltern lediglich über das Schulsystem meckern, sollten sie ihre Kinder lieber zu Hause behalten.

Dem Meckern wollen wir etwas anderes gegenüberstellen: Aus einer wohlwollenden, persönlichen Freiheit heraus ein Engagement für etwas Neues – für neue Strukturen im Schulwesen, für neue Strukturen im Bildungswesen und Erziehungswesen – anstreben: Strukturen, in denen Lehrer und Erzieher atmen können. Strukturen, in denen auch die Kinder wieder atmen können und sie wieder als Menschen betrachtet werden und nicht nur als Computer, die täglich ein gewisses Quantum an Wissen auf ihre „Festplatte" abspeichern müssen.

Im Vergleich zu dem Wissen, das auf der Festplatte abgespeichert wird, ist das durch den menschlichen Geist gegangene Wissen auf einer anderen Ebene angesiedelt. Dieses Wissen sollte nie nur intellektuell sein, sonst wird es kalt und sklerotisch und dient nicht dem positiven, kreativen Geist eines gesunden Menschen. Stattdessen dient es nur dem Alten, dem Überholten – einem Wissen, das zementieren, festschreiben und nach diesem Maß Menschen messen will.

Gott sei Dank haben das kreative, spirituelle Wissen und der Spieltrieb doch immer die alten Strukturen, selbst wenn sie so hart wie altes Dornengestrüpp sind, weggefegt. Aber die Vorreiter haben sich an den harten Dornen die Arme und Beine blutig gerissen. Wahrscheinlich muss das heute auch so sein. Es wird nicht ganz ohne Kämpfe abgehen – und das ist gut so. Das Alte muss durch einen Todesprozess hindurchgehen, welcher schwer und hart ist. Ähnlich ist es bei alten sehr verbitterten Menschen, die nicht vom Leben loslassen können, obwohl sie eigentlich wissen müssten, dass sie auf der anderen Seite etwas viel Besseres erwartet, als das was sie auf der Erde noch haben können.

Die Einzelkinder werden natürlich ihren Beitrag dazu leisten, um dieses marode Schulsystem zu reformieren. Trotzdem muss etwas von der Elternseite hinzukommen – Eigeninitiative – etwas, das nicht alles was Erziehung und Bildung betrifft, auf andere Institutionen, wie Schule, abschiebt.

Wir bitten die Eltern, doch ihre Verantwortung wahrzunehmen.

Eigene Prozesse durch das Elternsein in sich heilen

Eigentlich ist das Aufziehen von Kindern so angelegt, dass die Eltern durch die verschiedenen Probleme, die das Erziehen, Bilden und Leben mit ihren Kindern mit sich bringen, die Möglichkeit erhalten, selbst noch einmal durch ihre eigene Sozialisation gehen zu können.

Eltern werden Ähnlichkeiten mit ihrer eigenen Kindheit feststellen, aber auch Unterschiede bemerken. Beide Eltern werden Durchgänge mit enormen Schwierigkeiten haben, hervorgerufen durch das, was ihr Kind erlebt. Zum Teil werden diese Emotionen für sie selbst so schmerzhaft sein, dass sie sogar die Ehe gefährden können. Nicht selten möchtet ihr vor den eigenen Problemen weglaufen.

Ihr wisst ja: immer, wenn euch eine Sache so stark bewegt, dass es schmerzhaft ist und ihr euch wie ein Kind ausgeliefert, ohnmächtig fühlt, ist es oft so, dass diese Bewegung auf eigene, unverarbeitete Schwierigkeiten hinweist. Besonders wenn Eltern jung sind, kann es sein, dass sie ihre Kindheit und Jugend noch nicht vollständig verarbeitet haben. Traumen und Schwierigkeiten sind noch in ihrem Unterbewusstsein vorhanden und warten darauf, erlöst und geheilt zu werden. Das Kinderkriegen und Kindergroßziehen sind die idealen Voraussetzungen dafür. Durch das Leben mit den Kindern werdet ihr Schritt für Schritt auf die verschiedenen Klippen, die in den Lebensaltern auf Kinder warten, hingewiesen und könnt eure eigenen Traumen wunderbar und relativ leicht aufarbeiten. In den Emotionen hängen zu bleiben und andere, wie eigene Eltern, Lehrer, Familienverhältnisse etc. dafür verantwortlich zu machen, hilft keinem.

Eure persönlichen Probleme euren Kindern aufzubürden, ist nicht fair. Jeder sollte bei sich selbst aufräumen, das heißt innehalten und gezielt mit kompetenten Psychologen oder Heilern die Traumen aufarbeiten. Oft haben Kinder nur Probleme, weil sie die Schwierigkeiten der Eltern übernehmen.
Man sollte sich fragen: „Hat das Kind wirklich ein Problem? Und ändert sich das, wenn ich mein Problem gelöst habe? Ist mein Problem inzwischen für das Kind zum Problem geworden?"
Habt ihr euch der Sache so gewidmet, werdet ihr mit demjenigen, der den Schritt gemacht hat, der zum Knoten geführt hat, auf eine

andere Weise reden, als wenn ihr selbst ein Problem habt und Schuldzuweisungen tätigt. So kommt eine Entspannung zu Stande und damit eine größere Heilung, als ihr vielleicht für möglich halten würdet.

Umgang mit dem für das Kind schwierige Umfeld

Natürlich haben Erzieher und Lehrer auch ihre eigenen Themen, die nicht gelöst sind. Das ist ganz einfach menschlich. Und als ihr euch entschieden habt, auf die Erde zu kommen, habt ihr „Ja" dazu gesagt, das zu erleben. Das ist der Grund, warum ihr hier seid: die Gesetzmäßigkeit, die damit zusammenhängt, kennenzulernen, sie zu durchschauen und nach und nach zu heilen. Wenn der Heilungsprozess erst einmal bei den Eltern in Gang kommt, lernen auch Erzieher und Lehrern davon, weil sie sehen: „Aha, der geht soundso damit um und das kann ich auch."
Dazu braucht man dann meistens gar nicht mehr viel zu sagen. Die Heilung tritt dann oft von ganz allein ein.

Wenn die Menschen sich aber dagegen wehren, das merkt ihr daran, dass sie anfangen, euch zu bekämpfen, dann wisst ihr, dass es Zeit ist, hier einen Schlussstrich zu ziehen. Eltern entscheiden, wem sie ihr Kind anvertrauen. Selbst wenn es so aussieht, als ob man keine Wahl hätte, in welchen Kindergarten oder welche Schule man sein Kind gibt, es ist immer möglich, Alternativen zu finden. Beispielsweise könnte man in ein Land ziehen, in dem es gesetzlich erlaubt ist, sein Kind selbst zu unterrichten. Es gibt kein Muss.

Es nützt nichts sich in einen Kampf zu verstricken, weil dieses andere Wesen, was dir gegenübersteht, sich von keinem Argument überzeugen lassen will und sich durch das Licht, was du bist, so bedroht fühlt, dass es dich und dein Kind immer bekämpfen wird. Davor kannst du dich in Würde zurückziehen und deine Konsequenzen daraus ziehen – immer im Bewusstsein der Freiheit. Wenn ihr Probleme mit Unsicherheiten habt – beispielsweise mit äußeren Umständen, die ihr nicht beeinflussen könnt oder eurer eigenen Einstellung zu Veränderungen in eurer Umgebung – dann sind das Themen, welche bearbeitet werden können und sollen.

Und so schreitet ihr mit den euch anvertrauten Kindern durch das Leben. Die Kinder sind euch sozusagen im Geistigen und Kreativen voraus, da sie voll und ganz Liebe sind. Es gibt natürlich auch da Ausnahmen, denn es gibt Kinder, die einen anderen Weg gewählt haben. Aber in den allermeisten Fällen ist es so, dass in dem Kind die Kreativität ganz stark ausgeprägt ist und ihr Erwachsenen als Ausgleich dafür die Lebenserfahrung auf der Erde besitzt. Dazu gehört die Erfahrung, eure eigene Psyche gesund und kräftig zu erhalten; da seid ihr dem Kind auf der Erde voraus. Es ist genial eingerichtet: Das, was ihr nicht (mehr oder noch nicht) habt, damit inspiriert euch euer Kind und das was das Kind noch nicht haben kann, damit inspiriert ihr es. Ihr gebt ihm das Umfeld, die Sicherheit und die Hülle, die es braucht.

Eine solche Umgebung brauchen die Einzelkinder besonders stark. Sie sind darauf angewiesen, zu erleben, wie Erwachsene mit ihrem eigenen Schicksal umgehen – nämlich als freie Menschen, die andere nicht für ihre Probleme verantwortlich machen. Einzelkinder brauchen erwachsene Vorbilder, die an sich selbst arbeiten, bis sie an den Punkt kommen, wo sie die Sache für sich lösen können und den Rest dann dem Göttlichen überlassen.

Es ist wichtig, mit dem Kind geistig zu kommunizieren. Es sollte so wenig wie möglich in dieses angesprochene Prokrustesbett der jetzigen Erziehungs- und Bildungswirtschaft hineinkommen. Eltern sollten versuchen, mit den Erziehern so zu kommunizieren, dass man ihnen wirklich menschlich begegnet, das allzu Menschliche bei den Erziehern versteht und sie auch ihre Fehler machen lässt. Es ist außerdem wichtig, mit dem Kind zu Hause die Ereignisse im Kindergarten oder in der Schule so verarbeiten, dass man das Kind davon weitestgehend entlastet. Natürlich kann man nicht sagen: „Deine Lehrerin ist heute ein bisschen blöd gewesen. Sie hat den und den Fehler gemacht, aber wir wissen das besser. Du musst ihr das nicht übel nehmen. Verzeih ihr das!"
Stattdessen sollte man eine demütige Haltung vor dem Hintergrund einnehmen, dass ihr selbst eure eigenen Fehler auch nicht immer bemerkt. Jeder hat irgendwo einen blinden Fleck und möchte gerne, dass der andere aus Liebe damit genauso liebevoll umgeht, wie er sich wünscht, dass ihr mit ihm umgeht. Indem ihr Fehler der anderen zum Teil auch aushaltet, gebt ihr ihnen die Erlaubnis selbst in ihrem Tempo

voranzuschreiten. Aber ihr wisst, das Problem liegt bei dem anderen und nicht bei euch. Und dann könnt ihr zum Kind sagen: „Du, das macht man halt so in der Schule." Man kann ihm zu verstehen geben, dass es nicht seine Schuld ist und es im Moment noch nichts daran ändern kann, aber dass ihr selbst als Mutter oder als Vater vollständig hinter ihm und seinem Wesen steht.

Auf diese Weise werdet ihr ein Feingefühl für einen Lebensweg entwickeln. Wenn ihr euren eigenen Lebensweg immer besser verstehen lernt und diesbezüglich lernt, eine Gelassenheit und Großzügigkeit an den Tag zu legen, könnt ihr zu euch sagen: „Der Tag wird für sich selbst sorgen. Ich weiß jetzt nicht, was in zehn Jahren gefragt ist. Mein Kind wird all die Dinge, die für es wichtig sind, lernen. Alles Nötige wird es zu sich hinziehen und an sich binden. Es wird sein Leben gut und richtig leben."

Einzelkinder sind sehr darauf angewiesen, dass sie starke, gelassene Eltern haben, die ihr eigenes Schicksal in die Hand nehmen und nicht anderen die Schuld zuweisen, die im Umkreis des Kindes sind. Gelassenheit ist so wichtig, weil diese Kinder sich leicht schuldig fühlen, wenn sie anderen Menschen Ärger machen. Das führt dazu, dass sie zu Hause ihre Probleme nicht mehr loswerden, weil sie merken, dass die Eltern darunter leiden. Sie spüren, dass Lehrer und Erzieher ihnen in gewisser Weise nicht gerecht werden. Sie können aber ihre Persönlichkeit nicht ändern. Wenn sie zu Hause ein Umfeld haben, welches nicht unter ihnen leidet, sondern die Andersartigkeit mit einer Gelassenheit und Freude hinnimmt, ist das schon eine riesige Entlastung.

Und wenn diese Eltern auch noch in der Lage sind, mit den Erziehern so zu sprechen, dass sie sagen: „Wir sind gar nicht daran interessiert, dass du unser Kind in diese oder jene Richtung trimmst. Wir sind daran interessiert, dass du unser Kind gern hast, so wie es ist und ihm das auch zeigst. Für den Rest übernehmen wir die Verantwortung." Und wenn die Erzieher darauf abwehrend reagieren und zum Direktor gehen und sagen: „Die wollen ihrem Kind beibringen, wo man die Klötzchen hineinstecken muss, dabei können die ja selbst kein Kreis vom Quadrat unterscheiden! Da muss man ein Verfahren machen. Denen muss man die Kinder wegnehmen!"; dann wisst ihr, was zu tun ist. Aber ihr habt dem anderen die Gelegenheit gegeben, einen Schritt zu machen. Und in den allermeisten Fällen werden diese Schritte honoriert werden, auch wenn es so aussieht, als ob ihr überhaupt nicht weiterkommt. Und wenn die unerwünschte Situation für eine bestimmte Weile bestehen bleibt, dann ist das auch in Ordnung. Ihr könnt immer mit euren Kindern geistig sprechen – bevor ihr sie ins Bett bringt und danach, wenn sie schlafen, könnt ihr dieses Gespräch weiterführen und am Schluss sagen: „Wir kommen mit der oder mit der Sache nicht weiter und wissen nicht was wir da machen sollen. Wir bitten um Hilfe von oben." Und dann wird diese Hilfe kommen.

Es ist gut, diesen Prozess drei Tage hintereinander zu wiederholen und sich für das, was kommt, zu öffnen. Manchmal habt ihr vielleicht überhaupt keine Idee. Ihr wisst einfach nicht mehr weiter. In verwickelten Fällen ist es eine sehr gute Voraussetzung, um eine gute Lösung zu finden, wenn ihr diesen Prozess drei Tage lange durchführt. Versucht nicht, tagsüber an diesem Problem herumzunagen, sondern es zu ignorieren, um daraufhin nachts den beschriebenen Prozess zu durchlaufen und dann zu schauen, ob nach Ablauf der drei Tage eine Idee von einer Lösung da ist. Wenn ihr selbst Lösungswege imaginiert, dann sollten es drei verschiedene Varianten sein, um von dem „Entweder-oder" wegzukommen. Einer dieser Wege wird sich meistens als gangbar herausstellen.

Sollte es einzelne Kinder geben, die euer Kind immer wieder sehr stark beeinträchtigen und ärgern, dann solltet ihr euer Kind aus dieser Situation herausnehmen. Es nützt meistens nichts, darüber zu sprechen. Wenn es Probleme sind, die unter Kindern herrschen, können Erwachsene in den allermeisten Fällen nicht eingreifen, weil es nach eigenen Gesetzmäßigkeiten läuft.

Es gibt für Kinder bedrohliche Situationen, die sie innerlich so sehr bedrücken, dass ihre Lebensfreude sinkt und sie unter anderem auch unter Angstträumen leiden. Unter solchen Umständen solltet ihr handeln. Es nützt nichts zu reden, weil das Kind dann noch zusätzlich belastet wird. Es fühlt sich schuldig, dass es nicht besser mit dieser Situation zurechtkommt und nicht mehr Kraft hat, sie zu verändern. Bei kleineren Dingen kann man das zulassen und dem Kind daheim die Möglichkeit geben sich auszudrücken. Erlaubt ihm,

Aggressionen zu zeigen, denn oft haben diese Kinder ein starkes Bedürfnis nach Harmonie und schämen sich, wenn sie zornig werden. Helft diesem Kind, Wut und Zorn so auszudrücken, ohne dass es sich dabei schlecht fühlt. Zeigt ihm, dass es auf der Erde manchmal notwendig ist, um sein Leben zu kämpfen. Und dass es Wege gibt, das zu tun ohne das alte Gesetz von „Auge um Auge, Zahn um Zahn" gleich wieder einzuführen. Diese Kinder tendieren dazu, sich lieber zurückziehen zu wollen, als einem anderen etwas zu Leide zu tun. Hier haben wir ein philosophisches Problem, was auch religiöse Aspekte hat. Es ist wichtig, dass man, wenn man hier auf der Erde leben will, Mittel und Wege findet, um sich Raum zu schaffen. Manchmal gehört zu diesem Raumschaffen auch ein Kämpfen. Und diese Menschen werden nur kämpfen, wenn es wirklich nötig ist. Sie kämpfen nicht, weil sie selbst Macht aus unlauteren Gründen an sich ziehen wollen.

6. Sitzung
04.08.2009

Babys vor Reizüberflutungen schützen

Kinder sind besonders in den ersten Lebensjahren energetischen Übergriffen ausgesetzt. Man sollte sie davor so gut wie möglich schützen. Das ist einfach und war früher weitgehend bekanntes Wissen: Schottet eure Kinder zu Hause ein wenig ab. Schleppt sie nicht überall herum und setzt sie wenigen äußeren Eindrücken aus. Ihr müsst euch vorstellen, wie sich das für so ein Kind, das gerade aus der geistigen Welt heruntergestiegen ist, anfühlt. Mit einem großen Teil seines Wesens befindet sich das Kind immer noch auf der anderen Seite. Die Reizüberflutung in der modernen, westlichen Welt kann ein kleines Baby nicht gut ertragen.

Euch wird vielleicht aufgefallen sein, dass immer mehr Eltern ihre Kinder in Tragehilfen am Körper und in Laufrichtung, weggedreht von Vater oder Mutter, tragen. Versetzt euch in das Bewusstsein, in die Wahrnehmung eines jungen Kindes hinein – was das für das Kind bedeutet. Allein schon die Schnelligkeit, mit welcher sich ein Erwachsener fortbewegt, ist unangemessen für ein Baby. Die Menge an Signalen, die auf die Wahrnehmungsorgane, besonders die Augen und die Ohren, dadurch einstürzen, ist enorm. Diese Dinge sind außerordentlich schädlich und überfordern das Baby.
Ein junges Kind – und damit sind alle jungen Kinder gemeint, ohne Ausnahme – ist zu Anfang ganz und gar auf die Mutter fokussiert. Die nächste Bezugsperson ist dann der Vater und wenn vorhanden, folgen Geschwister und andere Familienangehörige [7].

Das waren die ersten Bezugspersonen, aber auch diese wurden erst mit Vorsicht, nach ein paar Tagen, an das Kind herangeführt. Wenn zu viele Eindrücke auf ein sehr junges Kind einstürzen, sind die Gehirnstrukturen, die sich dann bilden, nicht geordnet, sondern chaotisch und viele der Probleme, die Kinder später in der Schule

---

[7] Wenn man die rein physiologischen Verhältnisse anschaut, kann man sich daran orientieren, wie Dinge früher gemacht wurden, als man noch in Großfamilien lebte.

haben, hängen damit zusammen; wenn es nicht primäre Probleme sind, die heruntergebracht worden sind als Konditionen aus der geistigen Welt.

Wenn man das Baby richtig herumdreht, sodass es sein Köpfchen zur Mutter oder zum Vater hin wenden kann, wird solch ein Schaden vermieden. Außerdem kann so das Kind entscheiden, wann es den Kopf wenden und ein wenig nach außen gucken will.
Das gleiche Prinzip gilt auch bei Kinderwägen. Das Kind sollte seine Bezugsperson jederzeit im Blick haben können. Von dort aus erobert es sich die Welt mit dem Gefühl der Sicherheit, des Beschützt-Seins. Bei Zugfahrten wird manch einem schlecht, wenn er nicht in Fahrtrichtung sitzen kann. Das hängt mit dem Gleichgewichtsorgan zusammen.
Bei jungen Kindern ist das genau andersherum. Und viele Dinge werden im Gehirn und Gleichgewichtsorgan schon falsch angelegt, durch diese fürchterlich dumme Idee, das Kind von der Bezugsperson wegschauen zu lassen.

Wenn das Kind zum Körper hin gewendet getragen wird, kann das Kind sich komplett auf die Mutter (oder den Vater) konzentrieren. Der Abstand zum Körper der Mutter bleibt dabei gleich. Die ganze Liebe ist dann auf die Mutter ausgerichtet und fließt ihr zu, und umgekehrt. Es bildet sich ein Energieball um die beiden, der nicht gestört werden kann. Auch wenn die Mutter nicht zu dem Kind guckt, kann doch das Kind zur Mutter schauen und sie studieren. Das Kind hat den Bezugspunkt direkt im Fokus.

Wenn ihr den Fehler schon gemacht habt, euer Baby auf andere Weise zu tragen, dann könnt ihr das immer noch nachholen, wenn ihr euch das jetzt ältere Kind auf den Bauch oder Beine (wenn ihr beispielsweise im Bett sitzt) legt. Dabei wendet ihr euch dem Kind zu und sprecht mit ihm, kommuniziert in Gedanken oder macht mit euren Händen entsprechende Bewegungen. Im Idealfall liegt das Kind so, dass es euch in Ruhe angucken kann.

Wann immer ihr die Gelegenheit habt, mit Eltern zu sprechen, die fähig sind, dieses Wissen aufzunehmen, anzunehmen und hinzuhören, könnt ihr es weitergeben und den Eltern vermitteln, was für ein Baby gut ist. Es ist wichtig darauf zu achten, dass man zur richtigen Zeit die richtigen Dinge an ein Kind heranträgt.

Diese Ideen kommen aus einem falsch verstandenen Bildungsimpuls, weil ihr denkt, es ist gut, die Kinder schon so früh wie möglich für ihre Umgebung zu sensibilisieren, indem es vielen neuen Eindrücken ausgesetzt wird. Bei jungen Kindern ist aber weniger mehr. Wenige, ausgesuchte und wiederholt an das Kind herangetragene Eindrücke, die ganz von der Liebe und von der Energie der Eltern getragen sind, sind Gold wert.

Junge Eltern müssen sich erst neu darauf einstimmen, eine Familie zu sein. Das führt zu Unsicherheiten. Viele Eltern werden euch erzählen, dass mit der Geburt des ersten Kindes für sie eine neue Zeitrechnung begonnen hat. Das Kind braucht in den ersten Monaten eine ganz und gar starke Zuwendung von den Eltern, besonders von der Mutter. Der Vater kann helfen, wenn er sich immer wieder klar macht, dass er die Aufgabe hat, die äußere Hülle dieser kleinen Familie zu sein und mit einer beschützenden, starken, männlichen Energie seine Frau und sein Kind zu umhüllen – mit seiner männlichen Liebe.

Wir wollen in diesem Zusammenhang auf einen spirituellen Künstler hinweisen: Alex Grey.
Seine Arbeiten über die Verbindung zwischen Mann und Frau wirken zum Teil zunächst schockierend, weil sie mit einem außerordentlichen Können, bis in die Details hinein, die feinstofflichen Schwingungen abbilden. Schaut euch meditativ diese Bilder von der Familie an! Hier gibt es intuitiv viel zu lernen. Besonders hinweisen wollen wir auf das Bild „Promise" (1987), wo der Mann ein innerlich-äußerliches Gelöbnis abgibt, sich dieser Familie zu widmen. Er neigt sich dieser, seiner künftigen Familie zu und sagt „Ja" dazu, dass er sie als energetischer Ernährer hegen und pflegen möchte und seiner Frau energetisch den Rücken freihalten wird, damit sie sich mit ganzem Herzen auf ihre Aufgabe einlassen kann. Wenn diese zweifache oder dreifache Hülle stimmt und die Energie in der Beziehung der Eltern stimmt, dann kann man außerordentlich viel mit dem jungen Kind machen. Dann wird es sich so sicher fühlen, weil die äußeren Eindrücke gefiltert an es herankommen, so dass ihm nichts schaden kann.

Schreikinder

Nun wird eine neue Familie, besonders im ersten Jahr, mit Problemen konfrontiert. Es gibt diese so genannten „Schreikinder". Das sind vor allem Kinder, die sich außerordentlich schwer in ihrem Körper zurechtfinden und sehr empfindlich sind. Nicht selten wird die Geduld der jungen Eltern auf eine große Probe gestellt. Bei Schreikindern kann man mit homöopathischen Medikamenten sehr viel Linderung herbeiführen. Wenn Homöopathie nicht hilft, ist es ratsam Psychiater, die prä- und perinatale Psychologie anbieten, mit dem Kind aufzusuchen, um mögliche Traumen auszuschließen oder zu behandeln. Dort werdet ihr unter Umständen auf eigene Problemthemen stoßen. Wenn ihr, wie wir das schon beschrieben haben, an euch selbst arbeitet und auf euer Thema schaut – sei es Aggressionen, Trauer, oder Schmerzen – und ihr Eltern euch austauscht, euch gegenseitig pflegt und euch diese ganz intimen Dinge gegenseitig mitteilt, dann kann das für die Beziehung außerordentlich beglückend sein. Dadurch kann die Beziehung eine ungeahnte Tiefe und Innigkeit bekommen, die ihr vorher gar nicht für möglich gehalten hättet. Ihr kommt aufgrund des gemeinsamen Kindes an Themen, die eure Seele berühren. Ihr werdet an das Mysterium herangeführt, was es heißt, die eigene Entwicklung selbst in die Hand zu nehmen, und jemanden an der Seite zu haben, der sich auch entwickeln möchte.

Natürlich muss jeder für sich allein entscheiden, welche der eigenen Probleme man dem Partner mitteilen möchte, die man normalerweise für sich selbst behalten hätte. Denn wo sonst und mit wem sonst, könnt ihr diese Dinge besser besprechen?

Das alles hat einen Einfluss auf das Kind. Ihr werdet euer eigenes frühkindliches Trauma (so vorhanden) besser verstehen, vielleicht auch schon eurer vorgeburtliches Trauma. Daran werden sich Dinge anknüpfen, die eure eigene Psyche von einer Seite aus beleuchten, die euch vorher noch nie bewusst war, sondern im Dunkeln gelegen hat – das ist beglückend. So könnt ihr in einer außerordentlichen Notlage aus der eigenen spirituellen Quelle Licht finden. Scheut euch nicht, Hilfe zu holen. Bezieht Rat bei erfahrenen Frauen, erfahrenen Männern, die schon Kinder großgezogen haben und die

euch ermöglichen, intime Gespräche zu führen. Holt euch Rat bei
Psychiatern, die sich darauf spezialisiert haben, mit Paaren solche
Traumen aufzuarbeiten. Aber auch in der Familie, im Freundeskreis,
bei Menschen, die euch nahe stehen, gibt es Rat oder Hilfe. Wichtig
ist, dass ihr immer mal wieder Freiräume schafft, in denen ihr in eurer
Paarenergie sein könnt.

Wenn Ihr diese Pause braucht, sprecht in Gedanken mit dem Kind
darüber und teilt ihm das mit. In liebevollen Gedanken sagt ihr
ihm: „Wir brauchen jetzt einmal eine Pause." Das versteht ein Kind
sofort und akzeptiert es. Es wird sich in der Zeit, in der ihr es in die
Betreuung von anderen Menschen übergebt, bei ihnen wohlfühlen und
alles wird in Ordnung sein; selbst wenn es wieder schreien sollte.

Es gibt viele Gründe, warum junge Kinder weinen und das muss von
Fall zu Fall angeschaut werden. Aber für die Eltern ist es immer wichtig
zu hinterfragen: „Was bewirkt dieses Schreien in mir? Was löst es in
mir aus?", und dann an diesem Problem zu arbeiten, es zu heilen und
aufzulösen.

Es gibt verschiedene körperliche Konstitutionen, mit denen jedes Kind
in den ersten Jahren zu tun hat. Ihr reproduziert die Zellen nach den
Maßgaben des Erbguts. Diese Dinge fangen jetzt an, sich zu ändern.
Die Entwicklung zielt in der Zukunft darauf hin, dass die Menschen
durch ihre geistige Kraft ihr Erbgut beeinflussen können.
Es gibt heute bereits Fälle, in denen durch die geistige Heilung
bestimmte Krankheiten geheilt werden können. Es können sogar
Viren, die sich im Blut, im Körper eingenistet haben und zu einem Teil
des Systems geworden sind, aus dem System energetisch so entfernt
werden, dass sie physisch im Blutbild nicht mehr sichtbar sind. Diese
Dinge werden in der Zukunft verstärkt auftreten und die Schulmedizin,
die sich jetzt verrannt hat, wird das anerkennen müssen.

Seele und Geist eines Menschenwesens müssen sich nach der Geburt
in den ererbten Körper des Neugeborenen hineinfinden, der zunächst
nicht „ihr eigener" ist. Sie sind geistige Wesen übernehmen aber einen
Körper, der aus dem Erbstrom hervorgegangen ist. Er ist geprägt von
den Genen der Mutter und des Vaters.

Natürlich werden in den ersten neun Monaten, in dieser „Enklave"
im Bauch der Mutter, schon eigene energetische Elemente durch die
Seele des Embryos mit eingebracht. Vor allem, wenn die Mutter in
der Lage ist, Nahrung anders zu definieren, nämlich als Lichtenergie
in physischer Form, wird ein eigener energetischer Impuls von der
Seele des Embryos hineingetan. Je mächtiger diese Seele ist, umso
stärker wird dieser Impuls sein und trotzdem kann man weder den
Schock der Geburt, noch dieses Gefühl in dem kleinen Körper der
Umgebung völlig ausgeliefert zu sein, mit irgendetwas anderem
vergleichen. Das ist ein extremes Naturereignis. Ein neugeborenes
Kind ist völlig ohnmächtig, es fühlt sich ausgeliefert. Erträglich ist
dieser Prozess nur, in dem sein Bewusstsein sich auf einer völlig
anderen Ebene befindet – zum großen Teil nicht auf dem physischen
Plan. Es ist abgezogen, lebt in anderen Dimensionen: Dimensionen
der Liebe und des Lichtes. Durch diese Liebe und dieses Licht finden
die Wachstumsprozesse in dem kleinen Körper statt und das Wesen
ist ganz Hingabe. Der Geist des Neugeborenen fängt sofort nach der
Geburt an, in den kleinen Körper hineinzuwirken und ihn jenseits
von der Vererbung zu prägen.

Manche Kinder werden wütend, wenn sie nicht auf ihren Körper
zugreifen können. Es kommt vor, dass sie genügend stark weinen
und schreien, um ihrer Frustration Ausdruck zu verleihen, da sie
sich noch nicht durch den Körper so ausdrücken können, wie sie das
wollen. Wichtig ist, dass man diese Kinder schreien lässt und dies mit
einer gewissen Gelassenheit tut. Natürlich muss man ausschließen,
dass ihnen etwas weh tut; dass sie keine Koliken haben, oder sonst
irgendetwas. Man muss versuchen, diesen Körper so gut wie möglich
zu pflegen. Erkennt den starken Willen an, der schon im kleinen Baby
vorhanden ist und sich ausdrücken will. Steht mit Verständnis dabei
und haltet es aus, dass das Kind schreit. Nehmt tief innerlich Anteil
daran und gebt Liebe. Hört hin!

Spürt die Energie, die beim Schreien anwesend ist. Man kann
innerhalb kurzer Zeit an der Art, wie das Kind weint, verschiedenste
Ausdrucksweisen bemerken. Erkennt den Ausdruckswillen, der
da anwesend ist und schon im Säugling das Stimmorgan ergreift.
Das merkt man später auch daran, dass ältere Kinder oft riesigen
Spaß in Tunneln haben, wo sie schreien können. Oder es gibt eine

andere Möglichkeit, wo sie ganz viele Leute hören; dann kommt in das Geschrei ein Rhythmus hinein und sie fangen an, damit zu spielen. Diese Kinder werden später Opernsänger oder Schauspieler, die Menschenherzen berühren können.

Ein früh geborenes Kind, das ganz zart ist und aus Not schreit, muss man anders behandeln. Hier fällt sofort beim Schreien sofort auf, dass keine Kraft dahinter steckt. Es gleicht eher einem Wimmern.

Versucht bei älteren Kindern Zornausbrüche, während sie ablaufen, gelassen zu nehmen. Lasst euch da nicht aufs Kämpfen ein oder versucht nicht, sie davon abzuhalten oder abzulenken. Bewahrt Ruhe. Sprecht später mit dem Kind darüber: „Du hast gestern, als du zornig warst, diese schöne Tasse herunter geschmissen." Es wird ihm bewusst werden, was es angestellt hat, normalerweise tut es ihm leid und ihr merkt, es wollte das wirklich nicht. Hier braucht so ein Kind die Hilfe vom Erwachsenen und ein zartes Feingefühl. Es ist wichtig, dass man ihnen kein schlechtes Gewissen wegen dieser Tasse (oder Ähnlichem) macht, sondern sie spüren lässt, dass sie so geführt werden, dass sie vertrauen können. Vom Erwachsenen kann ihnen liebevoll gezeigt werden, wie sie mit dieser starken Emotion umgehen können. Es ist wichtig für diese Kinder, dass sie lernen diese Emotion des Zorns, der Wut zu kontrollieren, damit sie sie später im Leben so einsetzen können, wie sie sich das vorgenommen haben, denn sie werden diese Stoßkraft brauchen.

Kommunikation mit den Kindern

Kinder, die viel weinen und schreien und sich wehren müssen, ziehen sich zurück, wenn man sie dabei stört oder daran hindert, sodass ihr Wille gebrochen wird und das Weinen eine ganz andere Energie bekommt. Es verliert die Stoßkraft. So sollte man schauen, dass man diese Kinder auf alle Dinge, die auf sie zukommen werden, bestmöglich vorbereitet. Man sollte jeden einzelnen kleinen Schritt mit ihnen vorbereiten und sie möglichst nie Dingen aussetzen, die man vorher nicht mit ihnen besprochen hat. Es passiert genug, das man nicht besprechen kann; das was man besprechen kann, muss man besprechen. Das kann beispielsweise so aussehen: „Morgen früh um 10

Uhr kommt deine Tagesmutter und holt dich ab, ihr geht da und da hin und danach macht ihr das und das. Dann kommt die Mama und holt dich nachmittags wieder ab. Und wenn Mama dich nicht abholen kann, dann ruft sie vorher an." Besprecht möglichst einen Tag vorher schon, vor dem Schlafengehen, was am nächsten Tag stattfindet.

Es gibt die sozialen Kinder, die im Sozialen eine Aufgabe haben, welche beim Spiel der anderen Kinder außen stehen und beobachten. Sobald sie sich sicher und wohlfühlen, steigen sie selbstständig in das laufende Spiel ein.

Die Eltern merken schnell, dass ihr Kind gerne nur guckt und hört und oft gar nicht so viel macht und zufrieden damit ist, dass es zugucken und zuhören darf und dann plötzlich mit eigenartigen, sehr individuellen Aktionen, auf die keiner vorbereitet war, in Erscheinung tritt. Diese Kinder suchen sich ihre Spielkameraden ganz stark aus. Ihnen wird es schnell einmal zu viel, wenn Aggressionen da sind. Bei diesen Kindern besteht die Gefahr, dass sie sich zurückziehen und zum Autismus [8] oder Mutismus [9] neigen. Sie leiden unter ihrer Hellsichtigkeit, die diese Kinder oft haben, und dem Umfeld, wo das nicht wahrgenommen wird. Sie möchten auf keinen Fall auf sich aufmerksam machen, denn dann könnten sie ihre Rolle nicht mehr einnehmen. Daraufhin versuchen sie sich quasi „unsichtbar" zu machen, sich zu verstecken und damit korrumpieren sie sich selbst. Dieses Szenario beschreibt einen der schwierigsten Fälle, mit dem man sehr, sehr feinfühlig umgehen sollte.

Förderung der Wahrnehmungen durch das Großwerden in der Natur

Nun sind die ersten Jahre in diesem Sinne, wie wir das jetzt ausgeführt haben, glücklich überstanden.
Das Kind soll jetzt mit anderen Kindern zusammenkommen. Es kann schon sprechen. Es kann sich selbst ausdrücken.

---

[8] Autismus: Wahrnehmungs- und Informationsverarbeitungsstörung des Gehirns

[9] Mutismus (auch psychogenes Schweigen): Kommunikationsstörung, bei der keine Defekte der Sprechorgane oder des Gehörs vorliegen.

Hier gilt es jetzt genau auf das hinzuhören, was das Kind euch sagt. Es geht darum, ganz genau zuzuhören und das zu erspüren, was das Kind will, wo das Kind gerne hin möchte, wie es behandelt werden möchte und dem sollte dann nachgegeben werden. Wohlgemerkt: Nicht den Unarten sollt ihr nachgegeben. Wobei wir sagen wollen, dass diese Kinder kaum irgendeine Unart haben und wenn sie dann mal eine zeigen, sollten sich die Eltern lieber darüber freuen, dass das Kind in dem Sinne „kindlich" ist.

Für diese Kinder ist die Natur sehr wichtig: das Zusammensein mit Pflanzen und Tieren, in einer schönen, harmonischen Art und Weise; auch mit Naturgewalten, wie Wald, Wiese, Bäume, das Meer, Stürme, Felsen und Sand – alles, was es hier auf der Erde zu erleben gibt. Einzelkindern ist es sehr wichtig, dass sie intensiv mit allen Sinnen wahrnehmen dürfen, was in der Natur vorhanden ist. Ihr werdet von ihnen Geschichten über ihre Träume hören, über eigentümliche Begegnungen, über Dinge, die sie vielleicht anders wahrnehmen, als ihr. Und es wäre schön, wenn ihr mit offenen Ohren hinhört und sie darin bestärkt, wenn sie euch diese Dinge erzählen. Es ist wichtig, darauf zu achten, dass niemand eurem Kind diese geistigen, übersinnlichen Wahrnehmungen von Engeln, Verstorbenen, Naturwesen, besonderen Farben oder Stimmen ausredet. Hier könnt ihr, wie wir es vorher angeregt haben, vorbeugen. Das macht ihr, indem ihr die Persönlichkeiten handverlest, mit denen ihr euer Kind in den ersten Jahren (bis 5 Jahre) zusammen sein lasst. Wenn ihr mit eurem Kind bei Menschen seid, die ihr nicht so genau kennt, seid immer dabei und lasst sie nicht mit diesen Menschen allein. Es ist ein Problem, wenn ihr ein Kind habt, was noch nicht einmal (oder gerade erst) trocken ist, und ihr es in eine Krippe gebt, in der es Kontakt zu X-Personen hat, die ihr nicht einschätzen könnt.

Sozialkontakte – Respektiere die Persönlichkeit der Kinder

Das im vorigen Abschnitt beschriebene Szenario kann natürlich auch gut gehen. Es gibt starke Persönlichkeiten, denen das nichts ausmacht und die das sogar gut finden. Das werdet ihr leicht merken. Ein Indikator ist das Verhalten eures Kindes, sobald andere Kinder da sind. Ist das Kind auf dem Spielplatz ein Magnet für andere Kinder; ist es im Mittelpunkt und führt das Spiel und fühlt sich wohl, dann ist es ein klarer Fall. Es gibt Kinder, die andere Kinder anziehen und es kommt sofort ein harmonisches Spiel in Gang. Diese Kinder haben immer Ideen, was man unternehmen kann und beschäftigen den ganzen Spielplatz. Die Mütter können sich dann daneben setzen und sich ungestört unterhalten, weil zwischen den Kindern Harmonie herrscht.

Es gibt wiederum Kinder, die von den anderen Kindern auf dem Spielplatz ignoriert werden, oder es gibt immer Streit. Die anderen Kinder wollen das Kind ständig hauen oder nehmen ihm die Sachen weg, und dann möchte das Kind nicht mehr gerne auf den Spielplatz gehen – dem solltet ihr nachgeben.

Ihr müsst nicht mit dem Kind auf den Spielplatz gehen, um es an die anderen Kinder zu gewöhnen. Stattdessen könnt ihr die Augen offen halten und mit dem Kind ein ruhiges Gespräch führen. Sagt zu ihm: „Wir wollen jetzt schauen, dass wir deine Freunde finden." Wenn man dann mit dem eigenen Kind losgeht, trifft man plötzlich auf ein anderes Kind und die beiden sind ein Herz und eine Seele. Es wäre schön, wenn diese Kinder zusammen spielen dürften.

Also seid hellhörig, wenn ihr euer Kind dorthin weggeben müsst, wo Menschen sind, die ihr nicht kennt und das Kind traurig und bedrückt zurückkommt, oder ihr von anderen Eltern Klagen über euer Kind hört.

Wir wollen zum Schlagen und Hauen noch etwas anmerken: Manchmal ist es so, dass ein Kind, das bedrängt wird oder sich bedrängt fühlt, sich auch irgendwie wehren muss. Es beobachtet, wie die anderen Kinder das machen und es sieht, dass getreten und geschlagen wird. Daraufhin kann es fast nicht anders, als nachzuahmen und fängt an um sich zu hauen.

Schaut sehr gut hin und versucht, keine Schuldzuweisungen zu machen – nicht außen und nicht innen. Natürlich darf man zornig sein und sagen: „Dieser blöde Kerl hat ja schon wieder meine kleine Süße gehauen. Wenn ich den das nächste Mal sehe, dann trete ich dem in den Hintern."

Es ist in Ordnung, wenn man solche Gedanken hat – wir sind nicht hier, um aus euch Heilige zu machen – ihr lebt auf der Erde und diese Gedanken sind auf der Erde und ihr dürft euch diese auch zugestehen. Es ist schlimmer, wenn ihr sie verdrängt. Lasst den Gedanken zu:

„Aus dem mache ich das nächste Mal Apfelmus. Der soll mir noch mal in die Quere kommen". Tun könnt ihr etwas anderes.
Es ist gut, dass Eltern zornig werden, wenn ihr Kind angegriffen wird. Denn das gibt dem Kind Sicherheit. Daran kann es seine eigene Stärke entwickeln, die es im Moment noch nicht hat, weil es noch nicht nötig war, diese überhaupt zu entwickeln.

Gefestigte, ältere Kinder

Je später das Kind so eine Erfahrung macht, umso besser. Je älter das Kind ist, desto mehr hat es schon von außen, aus einer sicheren Perspektive, beobachten können, ohne selbst aktiv daran teilnehmen zu müssen. Sind die Eltern nicht mehr da, ist das Kind in einer unsicheren Zone. Sobald die Mutter und der Vater noch sichtbar sind, kann es dort immer Schutz finden und sich aus einer Streitsituation herausziehen. Bis ein junges Kind versteht, dass es zu den Erziehern rennen kann, dauert es bisweilen zu lange. Es merkt hellfühlend, dass die Erzieher niemals gleichmäßig ihre Liebe über all die Kinder austeilen können, sondern oft bestimmte Favoriten haben. Und dann geht natürlich in dem kleinen Kopf und Herzen ab: „Was mache ich, um die Erzieher auf meine Seite zu bekommen?" Und das sind alles Dinge, die in einem Menschen Gedankenstrukturen auslösen, die außerordentlich kränkend für das ganze spätere Leben sind. Solche berechnenden Gedanken sollten überhaupt gar nicht erst vorkommen. Und diese müssten in einer Familie mit mehreren Kindern nicht vorkommen, wenn die Eltern ihre Themen gelöst haben. Solche Situationen kommen bei älteren, erfahrenen Erziehern auch eher selten vor, da diese ihre Problemthemen auch bereits aufgearbeitet haben. Aber wir haben es meistens mit sich entwickelnden Menschen zu tun. Die anderen könnt ihr nicht ändern, aber ihr könnt euch selbst ändern. Ihr könnt nicht sagen: „Arbeite mal an deinem Aggressionsproblem!" Oder: „Warum bist du eigentlich Erzieher geworden? Weil du es immer besser machen willst, als alle anderen! Deshalb haben die Kinder einen enormen Konkurrenzkampf untereinander, wer der Beste ist." Natürlich kann dies nicht immer auf solch einfache Aussagen, wie wir das jetzt sehr, sehr plakativ gesagt haben, reduziert werden. Aber wir wollten einen Hinweis geben, worauf es hinausläuft.
Je älter die Kinder sind, um so weniger angreifbar sind sie, um so

sicherer können sie sich bewegen, um so weniger müsst ihr machen und um so weniger wird es euch belasten, wenn ihr sie in die Betreuung von anderen geben müsst.

Die Kindheitsjahre eurer eigenen Kinder können euch unter anderem dazu dienen, eure eigenen Traumen der Kindheit und Jugend leicht aufzuarbeiten. Diese drei, vier oder fünf Jahre zahlen sich in der dann darauf folgenden Zeit enorm aus, da das Kind ein Urvertrauen und Sicherheitsgefühl aufbauen konnte, in welchem es ruhen kann. Das Kind hat inzwischen gelernt, sich mitzuteilen, zu kommunizieren. Es wird mit allen seinen Problemen zu euch kommen. Es wird etwas Schwieriges niemals in sich „hineinfressen" und als ein Trauma abspeichern, sondern es wird immer zu euch kommen und euch die Sache erzählen, weil es in den ganzen fünf Jahren nie etwas erlebt hat, womit eure Familie nicht klargekommen ist. (Und wenn es sieben Jahre sind, ja, dann können wir nur „Halleluja" rufen.) Wenn das Kind mit fünf Jahren in einen wirklich guten Kindergarten kommt, kann es sich standhaft dort vorhandenen Problemen stellen. Einem gefestigten Kind, welches in diesem Alter in den Kindergarten kommt, macht das nichts mehr aus. Ihr könnt dem Kind ruhig den Freiraum geben, sich auszuprobieren, auch wenn es anfangs nicht immer sofort reibungslos abläuft. Solltet ihr nach einer Weile spüren, dass die Umgebung nicht das Richtige ist, könnt ihr das Kind wieder herausnehmen.

Den Kindern bei der Verarbeitung ihrer Erlebnisse zur Seite stehen

Gut wäre es, wenn ein Einzelkind ein paar Stunden täglich seine Ruhe hat, sodass seine Erlebnisse verarbeitet werden können. Vor dem Schlafengehen könnt ihr den Tag mit dem Kind noch einmal Revue passieren lassen und beispielsweise Fingerpuppen benutzen, um die Ereignisse nachzuspielen – ein ebenfalls außerordentlich gutes Mittel zur Erziehung von Geschwistern. Wenn der Tagesablauf noch einmal rückwärts von hinten nach vorne durchgespielt wird, sollten die Eltern den Anfang machen: „...wie sich Hänschen die Zähne putzt, den Schlafanzug anzieht und sich mit seiner kleinen Schwester die nassen Waschlappen um den Kopf haut; wie sie vorher Abendbrot gegessen haben und es ihnen gut geschmeckt hat...", und dann werden die Kinder ihre eigenen Eindrücke hinzufügen. Das kann zu einem abendlichen Ritual werden, wo Eltern gemeinsam mit ihrem Kind die Klippen, die tagsüber aufgetreten sind, aus dem Weg räumen und die Nacht so vorbereiten, dass alle Beteiligten im Schlaf mit ihren geistigen Führern das Erlebte gut aufarbeiten können. Die Kinder werden nachts am „runden Himmelstisch" die geistige Essenz, die aus dem Tag gewonnen werden soll, herausziehen und Pläne schmieden, wie es jetzt weitergehen soll.

Austesten und Erfühlen anderer Energien

Wenn es wirklich mal ein ernsthaftes Problem gegeben hat oder ein Kind ein charakterliches Problem hat, helfen Geschichten. Nicht alle Einzelkinder sind halbe Engel, die immer zwanzig Zentimeter über dem Boden schweben und nur brav sind.

Kinder machen Dummheiten und Fehltritte. Das gehört zu ihrer Entwicklung dazu. Das muss man ihnen nicht unbedingt durchgehen lassen. Es gibt das Phänomen, dass Kinder bei anderen etwas sehen, was ihnen fremd ist. Dann gehen sie in die Energie hinein und machen das nach, einfach um auszuprobieren, wie sich das anfühlt. Da fragt man sich: „Was ist jetzt in mein Kind gefahren?! Das habe ich ihm überhaupt nicht zugetraut, dass er eine Schnecke tottrampelt, oder sie mit einem Messer, das er auf dem Küchentisch gefunden hat, zerschneidet."
Da gibt es viele Dinge, die man seinem Kind nicht zutraut und die man bei seinem Kind nicht sehen möchte. In solchen Fällen sollte man selbst darüber schlafen und dann eine moralische Messlatte geben – welche Kinder auf jeden Fall benötigen.
Man kann beispielsweise sagen: „Das habe ich nicht gerne, dass du die Schnecke zerschneidest." Und dann kann das Kind antworten: „Aber der Onkel Sowieso, der hat gesagt, die Schnecken fressen den ganzen Salat ab, und wenn man sie nicht zerschneidet, werden es immer mehr und ich wollte dem Onkel Sowieso helfen." Dann hat man ein Problem, weil der Onkel Sowieso Recht hat, denn wenn ihm die Schnecken die Ernte verderben, ist das nicht schön.
So, das war scherzhaft, aber mit sehr ernstem Hintergrund gesagt. Ein anderes Beispiel ist das Taubenjagen: ihr seht manchmal Kinder auf

großen Plätzen, die den Tauben hinterher jagen und ihnen auf die Schwanzfedern treten wollen. Es ist wichtig, den Kindern die Liebe und die Achtung vor der Schöpfung beizubringen. In dem Maße, wie man selbst dazu steht. Das Töten einer Mücke und eine Fliege steht vielleicht auf einem anderen Blatt. Nicht alles muss vom Kopf her erklärt werden.

Hier könnt ihr zu Bildern und zu Geschichten greifen. Wenn ihr anfangt, euch Geschichten auszudenken – sinnige Geschichten – wird man bald einen Segen für alle darin spüren. In solch einer Geschichte schildert ihr im übertragenen Sinne eine Episode, mit der ihr nicht klargekommen seid, oder die schwierig für das Kind war, noch einmal. So, dass das Kind, wenn es älter ist, gar nicht merkt, dass es selbst damit gemeint ist. Das kann eine außerordentlich starke Wirkung haben. Besonders bei Kindern, die immer wieder durch ihre körperliche Konstitution dazu neigen, fürchterliche Zornausbrüche zu haben. Diese Konstitution kommt durch die Vererbung zustande. Dadurch können sich kindliche Seelen unterschiedlich in ihren Körper einleben.

Schreien und das Ausdrücken von Wut und Aggressionen

Kinder übernehmen manchmal „schlechte Angewohnheiten" von anderen Kindern. In der Umgebung eines schreienden Kindes fangen plötzlich andere Kinder an, ebenfalls öfter zu schreien. Sie nehmen das auffällige Verhalten dieses Kindes wahr. Plötzlich entsteht etwas wie ein unwiderstehlicher Drang, dieses ausprobieren und anfühlen zu wollen. Für einen Menschen, der die Macht des lauten Schreiens gespürt hat, ist es eine außerordentlich Glück bringende Erfahrung. Das Schreien hat eine Funktion. Wenn ein Kind dies machen will, dann hat es dafür einen Grund. Zum Beispiel kann es sich so ein Trauma oder in einer akuten Situation, die Schmerzen und Angst „vom Leib" schreien. Für die Eltern ist hier der Weg, die Dinge immer mit dem nötigen Abstand und einem lächelnden Auge anzuschauen und dem Kind die Möglichkeit zu geben, seine Emotionen, eine nach der anderen zu erleben, sie zu erkennen und auch anzuerkennen. Wenn das übertriebene Ausdrücken von Emotionen eine Marotte zu werden droht, solltet ihr als Eltern sanft einschreiten.

Es ist wichtig, dass ihr Emotionen, die negativ bewertet wurden, wie Wut und Aggressionen, bei eurem Kind zulassen könnt. Mit Geschichten, die nicht im alten Sinne moralisch sind, sondern in einem neuen Sinne, könnt ihr eurem Kind helfen, seine Gefühle zu verstehen und damit umzugehen. Ihr könnt dem Kind aufzeigen, wie es zum Meister über seine Emotionen werden kann und nicht, dass die Emotionen die Meisterschaft über das Kind – über den Menschen – erhalten.

Frage: Was bedeutet moralisch im alten und neuen Sinne?

Johannes: Es bedeutet, dass ihr vor allem nicht bewertet, was gut und böse ist und euer Kind in Richtungen, die euch vorschweben, verbiegen wollt. Dennoch habt ihr eure Vorstellungen von dem, was richtig und falsch ist und sollt diese in der Erziehung anwenden und nach eurem Herzen und Überlegungen einfließen lassen.
In einem „neuen Sinne moralisch" bedeutet, dass die Freiheit jedes Individuums gefördert wird, es befähigt wird, als Erwachsener zu einem Maximum frei zu sein und zu handeln. Diese Freiheit endet, wo die Freiheit des anderen Menschen beginnt. Die neuen "moralischen Geschichten" sollen nicht gesellschaftliche Zwänge und Normen vermitteln, sondern eher darauf hinzielen, Lösungen aufzuzeigen; wie Konflikte, die sich aus dem oben genannten Motiv der Freiheit ergeben, zum Wohle aller gelöst werden können. Das geschieht am besten, wenn Kinder lernen Herz und Kopf in gesunder Weise zusammenarbeiten zu lassen und dabei das Gefühlsleben eines Menschen frei ist, zu fließen. Es sollen also altersgemäße (unter Umständen allegorisch-metaphorische) Erzählungen sein, die menschliche Lebensbeispiele aufzeigen. Mit dem Hintergrund erzählt, dass man es so machen könnte, aber auch noch viele mögliche andere Lösungen vorhanden sind, die ein Mensch mit Freude imaginieren kann.

Einzelkinder brauchen die Energie von Erwachsenen in ihrem Umfeld

Um leicht und schnell in eine Spielstimmung zu kommen, brauchen Einzelkinder viel Zeit für sich. Das merken die Mütter, wenn sie mehrere Kinder haben. Wie bereits gesagt, die Einzelkinder kommen manchmal auch erst als zweites oder drittes Kind zur Welt. Deshalb sollte man ihnen den Freiraum, auch in Form eines Ortes, an dem sie allein sein können, schaffen. Wichtig ist auch, dass sie ab und zu einmal allein mit Mutter und Vater Zeit verbringen dürfen. Man muss kein schlechtes Gewissen den anderen Kindern gegenüber haben, wenn sie dieses Bedürfnis nicht empfinden. Das schlechte Gewissen, was die Eltern haben, ist es, was die Kinder erst darauf aufmerksam macht, dass da etwas passiert, was nicht normal ist, worauf sie dann eifersüchtig werden und diese Behandlung dann auch haben wollen. Eigentlich ist es gar nicht ihr Wunsch.

Wenn die Eltern keine Schuldgefühle haben, regelt sich viel von allein. Um dieses zu illustrieren, nehmen wir einmal an, es gibt da eine Familie mit fünf Kindern und davon sind zwei solche Einzelkinder – Max und Suse – die ab und zu eine spezielle Zuwendung der Eltern brauchen. In dem Fall ist es wichtig, wie man das den anderen Kindern gegenüber „verkauft". Im Idealfall nehmen die anderen Kinder das positiv auf und sagen: „Mama, wann gehst du mal wieder mit Mäxchen oder Suse weg?"; sie warten sogar darauf, freuen sich darüber. Und Suschen weiß, wenn Mama und Papa mit Mäxchen weggehen, kommt sie demnächst auch dran.

Ihr werdet außerdem merken, dass Einzelkinder zu einzelnen Individuen eine besonders starke Bindung aufbauen. Es können Kinder oder auch Freunde in der Familie sein. Es kann sein, dass sie plötzlich auf der Straße jemanden ansprechen. Auf diese Dinge solltet ihr Aufmerksamkeit verwenden, und eventuell ergibt sich daraus eine Freundschaft für das Kind.

Es wäre schön, die Einzelkinder wirklich für sich allein zu behandeln und, wenn ihr dies mit Absicht macht, mit großer Selbstverständlichkeit, weil es notwendig ist. Außerdem ist es wichtig, dass ihr den anderen Kindern das gebt, was sie für ihre gesunde Entwicklung brauchen. So lernen die Kinder, dass nicht alle gleich sind, aber alle in dem Sinne gleichbehandelt werden; dass sie das bekommen, was für sie persönlich das Richtige ist.

Das ist die neu definierte Gleichheit, die neu definierte Art von Gleichbehandlung: Obwohl Menschen nicht gleichbehandelt werden, bekommen sie trotzdem das, was sie brauchen; denn nicht alle Menschen brauchen immer das Gleiche zur gleichen Zeit. Wo würden wir auch da hinkommen?

7. Sitzung

05.08.2009

Freiraum in Kinderkrippen und Kindergärten bieten

Wir wollen jetzt das sehr junge Kind näher betrachten, das regelmäßig in die Kinderkrippe oder den Kindergarten geht. Im schlimmsten Fall fühlt es sich dort nicht wohl. Die verschiedenen Indikatoren dafür haben wir bereits in einer vorigen Sitzung genannt. Wenn die Erzieher auf die Eltern zukommen und mit ihnen sprechen wollen, aus welchem Grund auch immer, ist das ein schlechtes Zeichen. Oft wird von den Erziehern versucht, so lange es geht, alles unter sich auszumachen und zu verheimlichen, dass es dem Kind nicht gut geht. Aber zu Hause solltet ihr bemerken, wenn dies der Fall ist, und versuchen einen Ausweg zu finden: Kann man eine andere, besser passende Gruppe für das Kind finden? Gibt es eine individuellere Betreuung? Kann man es vielleicht für eine gewisse Zeit doch noch daheim behalten? Wichtig ist, dass das Kind nicht das Gefühl hat, einer Situation hilflos ausgeliefert zu sein, sondern spürt, dass es Hilfe und Unterstützung von allen Seiten bekommt, sobald etwas nicht stimmt, damit sich die Lage verändert und verbessert.

Das macht einen sehr großen Unterschied. Schaut gedanklich hin und sagt: „Ja, wir wissen, dass du besonders bist. Im Moment können wir aber die Situation, aus einer bestimmten Zwangslage heraus, in der wir uns befinden, nicht ändern. Wir akzeptieren dich, so wie du bist und wir sind dankbar, dass du gekommen bist und uns darauf hinweist, dass an der Struktur etwas nicht stimmt. Denn das ist unter anderem eine deiner Aufgaben."

Es wird für euer Kind schon eine Entlastung sein, wenn ihr den Gedanken, dass mit eurem Kind oder den Erziehern etwas nicht stimmt, von euch weist. Natürlich kann das auch daran liegen, dass die Person in der Erziehungseinrichtung nicht die Richtige für das Kind ist. Es ist sicherlich zu früh, ein Kind vor dem dritten Lebensjahr einer Person auszusetzen, die ihm nicht wohlgesonnen ist, aus welchem Grund auch immer. Es ist schon im späteren Leben schwer genug, mit solchen Dingen klarzukommen. Wenn ihr die Möglichkeit habt, solltet ihr versuchen, das Kind dort unterzubringen, wo es sich sicher fühlt.

Es ist wichtig, dass dieses Wissen nach und nach ausgebreitet und weitergegeben wird, sodass möglichst viele Menschen lernen, dass es Einzelkinder gibt und dass es für diese Kinder wichtig ist – wie die Luft zum Atmen – sich frei zu entwickeln. Gestattet den Kindern diese Entwicklung auf eine freilassende und leichte Art und Weise. Es darf auf keinen Fall so sein, dass man den Kindern die ganze Last aufbürdet. Stattdessen solltet ihr kindlich-spielerisch damit umgehen. Auch wenn die Situation in der Krippe oder im Kindergarten schwierig ist, dramatisiert es nicht, versucht locker und leicht damit umzugehen. Diese gewisse Leichtigkeit ist besonders wichtig für Einzelkinder. Wann immer Eltern etwas zu dramatisch sehen, projizieren sie dies auf ihre Kinder. Wenn Eltern es schaffen, ihre Leichtigkeit durch freilassende Ratschläge an die Erzieher zu vermitteln, kann es sein, dass sich die angespannte Situation in der Krippe oder dem Kindergarten innerhalb kurzer Zeit auflöst.

Meistens sorgen die Erzieher dafür, dass Kinder sich zurückziehen können. Nur ist das für Einzelkinder oft noch nicht ausreichend. Sie fühlen sich zu Hause am wohlsten, weil sie dort ihre energetische Hülle haben, in der sie sich aufladen können. Es ist hilfreich zu verstehen, wie energetische Hüllen überhaupt erzeugt werden. Eltern können so im Kindergarten, mithilfe der Erzieher, eine energetische Hülle für ihr Kind schaffen, in der es sich wohlfühlt. Lasst euch von den Erziehern Vorschläge für einen möglichen Rückzugsort für euer Kind machen oder nehmt die Umgebung selbst auch in Augenschein. Besprecht dies dann mit dem Kind, um herauszufinden, an welchem Platz es sich rundum wohlfühlen würde – schafft einen Ort, zu dem es sich zurückziehen kann und dem nachgehen kann, was ihm gut tut: sich mit einem Buch oder einer Puppe beschäftigen, einfach nur in Ruhe zu sitzen und zu nuckeln.

Wenn das Kind ganz jung ist und sich noch nicht äußern kann, solltet ihr mit den Erziehern besprechen, wo und wann das Kind in der Krippe seinen geschützten Raum hat. Das sollte immer zur gleichen Zeit und am selben Ort geschehen, um das Bilden einer energetischen Hülle zu erleichtern. Wenn die Eltern gleichzeitig an den Ort und an das Kind denken und ihm Licht und Liebe schicken, dann könnt ihr über die Distanz hinweg einen geeigneten Platz kreieren. Es schadet nichts, wenn auch andere Kinder die Nähe dieses Ortes suchen – das ist sogar ein gutes Zeichen. Davon werden die Kinder angezogen, die solch eine Rückzugsmöglichkeit brauchen und auf einer Wellenlänge liegen. Die Erzieher sollten nur darauf schauen, dass Störenfriede ferngehalten oder wenn möglich integriert werden. Am besten geschieht dies durch gedankliche Kommunikation. Denkt positiv und liebevoll auch an die Kinder, die eurem Kind Sorgen bereiten.

Meistens reicht es Einzelkindern schon, sich in ihre eigenständige energetische Hülle für ungefähr eine viertel Stunde zurückzuziehen. Es wäre schön, wenn sich bestimmte Kinder zu bestimmten Zeiten an diesen Ort ungestört zurückziehen können. Das wäre eine Vereinbarung, die der Harmonie im Kindergarten sehr zugute kommen könnte und auch den einzelnen Kindern helfen würde. Eltern sollten zu der Zeit, in der sich ihr Kind an diesem besonderen Ort zurückzieht, verstärkt liebevoll an es denken. So einen Ort könnt ihr auch im Schulzimmer oder in der Schule einrichten. Das gleiche Prinzip ist auf ältere Kinder übertragbar.

Freiräume in Schulen schaffen

Während der Schulzeit sollten Unterrichtspausen nicht nur zum Rumtoben genutzt werden, sondern Kindern sollte es auch erlaubt sein, im Klassenzimmer zu bleiben, um sich dort zurückzuziehen. Wenn sich das nicht einrichten lässt, könnte man drinnen oder draußen, einen alternativen Ruhebereich einrichten. Vielleicht könnte man im Unterricht Zeiten schaffen, wo die Kinder für sich sein dürfen. Das ist gar nicht schwer: Gestattet den Kindern, wenn sie vor euch sitzen (jedes an seinem eigenen Platz) ab und zu fünf Minuten Ruhe. Die Kinder, die nicht ruhig sein können, könnten von einem zweiten Erzieher abgeholt werden. Dann ist die Klasse auch etwas leerer und man hat mehr Platz. Die restlichen Kinder können still an ihrem Platz für sich sein oder in kleinen Gruppen miteinander sprechen. Manche Kinder wollen auch unterm Lehrertisch oder in einer selbst gebauten „Höhle" sitzen. Unter dem Lehrertisch spüren sie den energetischen Schutz. Es kann sein, dass Lehrer nach einer Pause zurückkommen und plötzlich sitzen fünf Kinder unterm Lehrertisch, oder alle Kinder sitzen unter ihren Tischen oder verstecken sich in Schränken, weil sie eine Höhle haben wollen. Sie wollen zurück in den Mutterleib. Man kann das zum Ritual machen. Das gibt „Klassenenergie", die für die gesamte Klasse heilsam ist. Es wäre schön, wenn es in jedem Klassenzimmer einen Vorhang gäbe, hinter dem sich Kinder verstecken können. Es kann natürlich nicht sein, dass einer sich immer dahinter verkriecht und die anderen dadurch durcheinander bringt. Es muss in einer Ordnung ablaufen; das verstehen die Kinder auch. Die Kinder, die Unfrieden in die Gruppe bringen, müsst ihr anders behandeln. Die Kinder, die es wirklich brauchen, halten sich gerne an Regeln, weil sie Regeln brauchen und spüren, dass sie durch die Regeln auch eine Hülle bekommen.

Diejenigen, die sich nicht an Regeln halten wollen, wollen wir nicht diskriminieren. Für diese könnt ihr andere Möglichkeiten schaffen. Eine Möglichkeit wäre, Eltern mit einzubeziehen. Diese kommen zu einer abgemachten Zeit in die Schule und führen ihre Kinder, die sich mehr bewegen wollen, auf den Schulhof.

So kann ein Hin und Her zustande kommen, das nicht an die Pausenzeiten gebunden ist. In den generellen Pausezeiten herrscht oft eine starke Unruhe in der Schule, von der sich vor allem jüngere Kinder bedroht fühlen können. Es sollte für einen Lehrer in den ersten drei Schuljahren möglich sein, seine Pause selbst zu bestimmen. Das könnt ihr mit Hilfe von ehrenamtlichen Eltern verwirklichen, die Freiraum haben und gerne mittun wollen; das schafft Vertrauen. Außerdem müsste es noch ein oder zwei zusätzliche Lehrpersonen oder Pädagogen geben, die einzig und allein darauf abgestellt sind, an bestimmte Stellen gerufen zu werden, um den Lehrern Freiraum zu schaffen. Am Schönsten wäre es natürlich, wenn Lehrer nicht allein im Schulzimmer wären, sondern sich die Arbeit mit einer zweiten Person teilen könnten. Es wird immer auffälliger, dass der psychologische Druck im Klassenzimmer für einen einzigen Erzieher sehr, sehr groß ist und es extrem schwierig ist, die ganze Zeit mit den Kindern allein zu sein und niemanden zur Seite zu haben, mit dem man sich austauschen kann.

Die obigen Kommentare dienen als Anregung von unserer Seite, über die ihr euch weiter Gedanken machen solltet, um die Konzepte dahinter auszuarbeiten. Bis sich diese Ideen verwirklichen können, wird es viel Kreativität brauchen. Aber wenn solche Anregungen von Elternseite kommen und diese Forderungen in Zusammenarbeit mit den Lehrern an die Schulämter getragen werden, dann wird etwas geschehen müssen. Es ist wichtig, dass die Eltern mithelfen und sich mehr und mehr in der Schule engagieren. Dieses Engagement sollte nicht nur ihr eigenes Kind betreffen und sich auf äußerliche Forderungen begrenzen, sondern von innen her geschehen, indem sie bereit sind, sich einzusetzen, mitzuhelfen und für die Gruppe als Ganzes tätig zu werden. Das ist eine Erfahrung, die für den eigenen Entwicklungsweg wichtig ist. Abgesehen davon führt es die Kinder schon früh dazu, in einer positiven Art und Weise selbst Verantwortung zu übernehmen, auch für sich selbst. Dies geschieht auf eine Art und Weise, die sie nicht belastet, sondern befreit. Und so wird ihr Lernverhalten mehr und mehr an Freiheit gewinnen. Das hat zur Folge, dass die Kinder auch zu Hause gerne an ihren Aufgaben arbeiten werden, weil ein partnerschaftlicher Austausch gesucht wird und trotzdem die Autorität des Lehrers, die für ein Kind in diesem Alter außerordentlich wichtig ist, nicht angetastet wird. Das Vertrauen in eine Lehrperson, welche die Bedürfnisse der Kinder erkennt und dem nachkommt, wächst damit ungeheuer. Unter solchen Voraussetzungen könnt ihr nicht nur im Erziehungs- und Schulwesen, sondern auch auf persönlicher Entwicklungsebene, viel erreichen. Ihr könnt weiter kommen, als ihr euch bisher habt träumen lassen. Mit einem relativ geringen Aufwand an mehr Personal oder sogar Arbeit könnt ihr erreichen, die Lehrer von Zwängen zu befreien, die ihnen heute noch Stress bereiten.

Wenn wir uns gedanklich in die Familie zurückbewegen, gelten da die gleichen Prinzipien. Für jedes Kind sollte eine Rückzugsmöglichkeit in der Familienumgebung geschaffen werden. Es ist gut, dies an bestimmte Zeiten zu koppeln; denn alles, was mit einem regelmäßigem Rhythmus abläuft, gibt wiederum Sicherheit. Die oben beschriebenen Szenarien – Rückzugsmöglichkeiten für Einzelkinder in Familien, Kindergärten und Schulen – sind Ideallösungen. Diese sind nicht immer sofort in turbulente Menschenleben zu integrieren.

Streit unter Kindern

Wir wollen nun auf das Streitverhalten von Kindern eingehen. Wenn Kinder viel streiten, betrifft es den Schulungsweg der Eltern: Ihr solltet dann wissen, dass ihr an euch etwas tun müsst. Schaut nach, was dieser

Streit bei euch auslöst und bearbeitet das – mit oder ohne Hilfe. Wenn der Streit der Kinder bei euch keinen Stress mehr auslöst, wart ihr erfolgreich und könnt euch den Ursachen, die bei den Kindern liegen zuwenden. In den meisten Fällen wird es deutlich weniger Streitereien geben.

Um die Streitursachen bei Kindern zu erfahren, sollten Eltern das Streitverhalten beobachten, ohne zunächst einzugreifen. Beobachtet eure Kinder mit innerem Engagement, mit einer inneren Gelassenheit und fragt euch: „Was geht da vor sich? Wie entsteht so ein Streit? Warum entsteht er?"

Um diese Fragen zu klären, sollten Eltern die beteiligten Kinder zunächst einzeln dazu befragen. Anschließend sollten alle Kinder gemeinsam schildern, wie es zum Streit gekommen ist. Eltern sollten sich dies in Ruhe anhören, auch, wenn es während des Gesprächs zu einem erneuten Streitausbruch bei den Kindern kommt. Nach der Befragung müssen die Eltern zu einer Regelung kommen. Dabei können die Kinder mit einbezogen werden: Welche Maßnahmen schlagen sie vor? So erarbeitet ihr gemeinsam Möglichkeiten, wie Streitereien in der Zukunft besser zu handhaben sind. Manchmal werdet ihr alles auf sich beruhen lassen und darauf vertrauen, dass sich die Sache von selbst reguliert.

Hier kommen wieder Geschichten ins Spiel. Erzählt den Kindern in einem größeren oder kleineren Zusammenhang Geschichten, die ihr euch aufgrund der Vorfälle ausgedacht habt.

Fortlaufende Geschichten über irgendwelche Kinder, die ihr euch ausdenkt, sind sehr beliebt. Denkt an Harry Potter! Wenn ihr das Geschichtenerzählen eine Weile praktiziert habt, braucht ihr gar nicht mehr viel darüber nachzudenken. Dann reicht es, die Kinder anzugucken, damit euch die richtigen Ideen einfallen. Ihr könnt die Kinder aber auch mit einbeziehen und fragen: „Was meint Ihr denn, was jetzt passiert?!", und dann spinnt ihr die Geschichte weiter und könnt die Gedanken, die nötig sind, platzieren.

Wenn sich Kinder immer auf die gleiche Art in einen Streit verrennen, müsst ihr sie ab und zu auseinander nehmen. Wir halten nichts davon, dass Kinder sich ganz und gar selbst überlassen werden, denn sie sollen bestimmte Dinge lernen. Es ist wichtig, das gute Mittelmaß aus reiflichen und gemeinsamen Erwägungen zu wählen.

Sobald die Eltern in ihrer Beziehung Probleme haben, werden sich die oben genannten Anregungen nicht ganz so einfach durchführen lassen. Beziehungsprobleme bringen es mit sich, dass der eine oder andere Partner nicht mit voller Energie in der Familie ist. Er ist mit seinen eigenen Themen beschäftigt – und das ist auch gut so. So ist nun mal das Leben. Aber es ist wichtig, dass ihr das Problem gemeinsam anschaut und angeht, indem ihr versucht das Beste daraus zu machen. Jeder Mensch hat seine persönlichen Belastungen, die er nicht gerne anschaut und die er gerne verstecken würde – am liebsten vor sich selbst. Im Buch unserer Freundin Eva Pierrakos – „Der Pfad der Wandlung" – könnt ihr lernen, an euch zu arbeiten, damit ihr als erwachsene Menschen zu euch selbst stehen lernt. Wenn ihr das könnt, werdet ihr auch mehr und mehr Liebe für den Weg des Partners und den Weg der Kinder empfinden können, auch wenn es Schwierigkeiten in der Ehe geben sollte.

Durch diese Art der Selbsterkenntnis und Selbstliebe könnt ihr den Klippen, die es in einer Familie unweigerlich gibt, ins Auge schauen. Ihr werdet, wenn sich diese Klippen nicht gemeinsam überschreiten lassen, und ihr euch trennen müsst, das Wohl der Kinder im Auge behalten können. Ihr werdet einen Weg finden, die Verantwortung, die ihr übernommen habt, für euer Kind weiter zu tragen und wissen, wie ihr euren (Ex-)Partner mit so viel Liebe unterstützen könnt, wie er es nötig hat und annehmen kann.
Jeder Mensch kann nur an sich selbst und nicht an anderen arbeiten. Viele Menschen sind damit konfrontiert, dass ihr Partner das nicht einsieht. In diesen Fällen werdet ihr von der göttlichen Welt die Hilfe bekommen, dies durchzustehen.

8. Sitzung
06.08.2009

Vom sozialen Einzelkind zum sozialen Einzelgänger

Wir wollen zusammenfassen: Wir haben die geistigen Verhältnisse analysiert, wir haben Wege aus der Beschränkung aufgezeigt und wir haben versucht zu zeigen, dass es durchaus möglich ist, diese krankhaften Verhältnisse, die im Erziehungssystem herrschen, von innen heraus zu reformieren.

Jetzt wollen wir darauf zu sprechen kommen, dass diese Kinder natürlich nicht ein Leben lang Kinder bleiben, sondern als Erwachsene zu „Einzelgängern" werden. Das bedeutet aber überhaupt nicht, dass sie sich mit anderen Menschen nicht wohlfühlen. Auch sie brauchen Sozialkontakte wie ihr tägliches Brot. Jeder Mensch hat ein Bedürfnis nach Austausch, nach anderen Menschen oder einem Vertrauenspartner. Darüber hinaus sollte es für ihn eine Gemeinschaft von Menschen geben, in der er sich wohlfühlt, in welcher die Energien stimmen.

Einzelgänger brauchen bestimmte Voraussetzungen, um sich in einer sozialen Gruppe wohlfühlen zu können. Je besser man sie in der Kindheit schützen konnte – in dem Sinne, wie wir dies in diesem Buch beschrieben haben – umso freier und größer wird ihr Radius im Erwachsenendasein sein können; umso mehr können sie in ihrem Umfeld bewirken und umso weniger wird es sie beeinträchtigen, wenn sie nicht ihr richtiges Umfeld haben sollten. Sie haben Strategien entwickelt, ihr Energiefeld zu verteidigen, es aufrecht zu erhalten, in sich zu bleiben und sie haben gleichzeitig ein Höchstmaß an Wahrnehmungsfähigkeit entwickelt. Darüber hinaus haben sie die intellektuellen und geistigen Fähigkeiten, um die Dinge bewusst zu greifen und in bestehenden Verhältnissen heilend zu wirken.

In der Kindheit geraten diese Kinder schnell in eine Sackgasse. Sie bürden sich zu viel auf und machen sich für zu viele Dinge verantwortlich. Wenn etwas in ihrer Umgebung schief oder nicht gut läuft, fühlen sie sich dafür verantwortlich. Das Gleiche gilt, wenn sie nicht die Anforderungen erfüllen, die von der Gesellschaft gestellt werden. Dadurch entstehen Traumen, die man nicht als solche identifizieren würde, weil das Trauma nicht unbedingt einen äußeren Anlass braucht, sondern aus einer inneren Disposition heraus entsteht, ohne etwas, dass das Kind schockiert haben muss. Allein das Gefühl, den Ansprüchen nicht gerecht zu werden, reicht aus, weil es noch nicht in seiner vollen Kraft ist (und der Schutz von außen fehlt). Das bringt einem solchen Kind einen extremen Energieverlust ein, der nicht sein müsste, denn Eltern können hier gut helfen, indem sie darauf achten und diese Dynamik verstehen.

Alle Kinder sind individuell und vollständig verschieden voneinander. Daher können unsere Anregungen in diesem Buch nur als ein grober Leitfaden verstanden werden. Diese Seelen bringen einen ganz speziellen Puls aus der geistigen Welt mit, durch den sie sich einbringen und den sie auf der Erde verwirklichen wollen. Vergleichbar einem Grundmotiv, das unter einer Symphonie liegt und immer wiederkehrt. Dieses Motiv ist sehr individuell; im Grunde genommen liegt das bei jedem Menschen vor. Nur sind verschiedene Menschen in sehr unterschiedlichem Maße frei in der Handhabung. Menschen, bei denen dieses Grundmotiv aus einer Freiheit herauskommt, klingen anders, als solche, die noch sehr in fixierten Gedankengängen verwoben sind.

Wir wollen darauf zurückkommen, dass jeder Mensch eine „Mission" hat – seine ganz spezielle Aufgabe. Es gibt immer wieder Menschengruppen, die sich zur gleichen Zeit inkarnieren und ähnliche Aufgaben haben, die jeweils aufeinander eingestimmt sind. Stellt euch vor, dass es von eurer Gruppe so etwas wie ein Symphonie-Orchester gibt, das auf der ganzen Erde verteilt ist. In diesem Orchester spielen die verschiedensten Instrumente, in verschiedenster Form, in verschiedenen Altersgruppen, um euren Klang, eure Symphonie jetzt auf die Erde herunterzutragen.
So gibt es eine Reihe von Orchestern, die jeweils für eine bestimmte Symphonie geboren/geschaffen worden sind. Diese Menschen tragen ihren speziellen Klang oder ihre Farbstimmung (man kann das auf alle Künste übertragen) in die Menschheit hinein.

Ihr müsst euch gar nicht kennen und trotzdem seid ihr aufeinander abgestimmt. Es ist allerdings sehr gut und immer mehr wird es jetzt auch notwendig, dass die Menschen einen Teil dieser jeweiligen Symphonie, dieses Symphonie-spezifischen Orchesters, auch persönlich auf der Erde kennenlernen.

Alle anderen Menschen, die überwiegend ihre persönlichen Aufgaben zu lösen haben, kommen mit ihrem speziellen Thema auf die Erde. Für sie liegt der Fokus stärker auf dem Auflösen dieses persönlichen Karmas – das ist auch richtig und gut.

Lange nicht inkarnierte Seelen

Momentan kommen viele Seelen herunter, die sehr lange nicht mehr auf der Erde waren und ein großes Bedürfnis haben, die Welt durch ihre Sinne kennenzulernen. Diese Kinder haben den Drang, alles anfassen zu müssen, wenn sie älter sind. Teilweise haben sie eine starke Affinität zur Technik und gehen intellektuell an Dinge heran – mit einem sehr starken Intellekt. Man hat es mit einem extrem geistigen Kind zu tun, wo man das Gefühl hat, es hat fast gar keine Emotionen und selbst wenn es noch sehr jung ist, kann man mit ihm schon reden wie mit einem Erwachsenen. Diese Kinder haben eine ungeheuer schnelle Auffassungsgabe in jeglicher Hinsicht. Sie können sogar abstrakte Denkformen verstehen und aufgreifen. Ihr habt das Gefühl, ihnen noch ein wenig von dem ersparen zu wollen, was in dieser modernen Welt täglich abläuft. Diese Kinder überspringen gewissermaßen die Kindheit. Sie sind schon so erwachsen. Das sind oft extreme Einzelgänger, die es sehr schwer haben, Kontakt zu anderen Menschen zu knüpfen.

Diese Kinder leiden zum Teil unter ihrer Einsamkeit und ihr müsst schauen, dass ihr andere Kinder findet, die extrem gutmütig sind und auch so ein bisschen auf die schöne Seite der Erde, auf Genuss und Fröhlichkeit hinweisen. Es handelt sich um fast asketische Typen, die nicht viel zum Leben brauchen, aber trotz alledem in ihrer Seele einen Hunger spüren, geliebt zu werden.

Bisweilen machen sie es ihrer Umgebung schwer, sie zu lieben. Man kommt nicht an sie heran und weiß nicht, was überhaupt in ihnen vorgeht. Eine Mutter wird immer die Liebe ihres Kindes spüren und ihr wird es auch gelingen, ihr Kind zu lieben, aber für diese Kinder ist es ganz besonders schwer, wenn sie Geschwister haben.

Sie werden oft vergessen und laufen so nebenbei. Gleichzeitig ist es für sie schwierig, wenn sie wirklich ein Einzelkind in ihrer Familie sind, weil man schier nicht weiß, wo man Kinder finden soll, die zu dem eigenen passen. Hier sind ganz besonders Leichtigkeit, Humor, Gelassenheit und Lebensfreude von Elternseite her angesagt, die diesem ernsten Kind helfen. Um eine andere Terminologie zu benutzen: Für ein melancholisches Kind ist ein sanguinisches Kind, eine sanguinischen Umgebung, der beste „Partner". In einer Beziehung zwischen diesen beiden Temperamenten sind zwar auch etliche Klippen da, aber trotzdem tun die beiden sich gut.

Mit ein wenig Intuition werdet ihr diese Kinder leicht erkennen.

Körperliche Anpassungsprozesse

Oft spielt die ererbte körperliche Konstitution beim Charakter eines Menschen eine nicht unerhebliche Rolle. Die geistige Seele muss sich zu Beginn des Lebens in einem ihr zunächst noch fremden „Gehäuse" zurechtfinden. Sie ist dem erst einmal wehrlos ausgeliefert.

Diesen hoch entwickelten Seelen, wie im vorigen Abschnitt beschrieben, fällt es besonders schwer in so einen spezifischen Körper einzukehren. Sie wollen den Körper ihrem Wesen entsprechend „manipulieren" und daher kommen die Unstimmigkeiten. Daher kommt das Unwohlsein oder eine gewisse Aggression des Kindes gegen den Körper, welcher nicht so funktioniert, wie man selbst es will. Die Reinheit der Seele kann sich nicht wirklich ausdrücken. Sie muss immer erst durch den Körper hindurchgehen.

Für das Einzelkind ist es schwer, sich anders als durch Weinen oder Jammern auszudrücken. Für die Eltern dagegen ist es schwer, Verständnis dafür zu haben und zu dem Kind zu sagen: „Ich sehe, was dahinter steht und will dir helfen, zu lernen, wie du dich angemessen ausdrücken kannst. Und noch wichtiger, ich will dir helfen, dass du deinen Körper so umwandeln kannst, dass er nachher ein perfektes Mittel für dich wird, so zu sein, wie du bist." Alle möglichen Probleme – das Weinen, das Schreien – kommen bei diesen spezifischen Kindern daher und geben den Eltern das Gefühl: Mein Kind fühlt sich nicht wohl.

Andere Kinder wiederum wählen einen bestimmten Körper, um bestimmte Dinge erleben zu können – mit diesem zum Körper gehörigen Temperament. Da Einzelkinder im Grunde genommen gar kein Temperament mehr brauchen, müssen sie das mit ihrem Körper gegebene Temperament in Kauf nehmen. Sie bräuchten einen Körper, den es heutzutage noch nicht gibt und als Eltern kann man das in Rechnung stellen: „Ich weiß das, ich kenne das selbst und ich will versuchen dir immer wieder mental zu sagen, dass wir diese Zeit gemeinsam überstehen. Du wirst immer stärker lernen, deinen Körper in den Griff zu bekommen und selbst damit umzugehen. Du wirst lernen, dich selbst mit der größtmöglichen Effizienz in diesem Körper ausdrücken zu können."

Ein Mittel für ein Kind, seinen Körper individualisiert anzupassen, ist in der Tat die Kinderkrankheit (Masern, Röteln, etc.).

Kinderkrankheiten

Dieses Thema ist in der letzten Zeit wieder brisant geworden. Die Kinderkrankheiten, welche eigentlich ausgerottet werden sollten, dienen im Grunde dazu, die alten Gene der Eltern zu zerstören oder anzupassen. Mithilfe des Chaos, das die Krankheit hervorgebracht hat, wird dann der neue geistige Impuls des Wesens, welches im Körper wohnen will, in die physische Materie hineingebracht. Dies ist ein alchimistischer Prozess. Es geschieht durch eine mehr oder weniger schwere Krankheit, die mit Fieber verbunden ist. Die Kinderkrankheit wird als eine Infektionskrankheit bezeichnet. Hier sind die Viren eigentlich in ihrer gottgemeinten Funktion am Werk, in dem sie den Körper in Besitz nehmen und dem geistigen Wesen des Menschen die Möglichkeit geben, den dann quasi neu geschaffenen, umgewandelten Körper zu bewohnen und ihn mit der eigenen Potenz zu stärken. Das geistige Wesen des Kindes muss mithilfe der körpereigenen Abwehrfunktionen gegen den Eindringling kämpfen. Dadurch erstarken beide, der Körper und das Geist-Seelen-Wesen des Kindes. Ein gesundes, kräftiges Kind sollte mit der geistigen Unterstützung eines Heilers oder Arztes, der von diesen Dingen weiß und den Mut hat, die Eltern zu begleiten, die Kinderkrankheiten, die heute noch übrig geblieben sind, mit Vorteil überstehen. Ein Kind bekommt selten mehr als zwei solche Krankheiten. Es ist danach nicht mehr nötig und so erkrankt das Kind nicht mehr, auch wenn es mit anderen in Berührung kommt, die noch andere Krankheiten haben. Nur durch das Verteufeln der Kinderkrankheiten aus Mangel an geistigem Verständnis kommen Komplikationen zum Tragen, die auf Angst zurückzuführen sind.

In diesem Zusammenhang muss noch etwas anderes erwähnt werden: Natürlich bietet solch eine Erkrankung für ein Kind auch ein Tor, den Erdenplan wieder verlassen zu können. Das ist schmerzhaft für Eltern und Ärzte, weil sie in Verruf kommen, ihre Sorgfaltspflicht verletzt zu haben. Tod ist ein Tabu. Ein anderes Schicksal kann es vorsehen, dass das Kind eine Behinderung von der Kinderkrankheit zurückbehält. Dies wird dem Lebensweg eine ganz bestimmte Tingierung geben. Früher sind viele Kinder, die Polio hatten, Künstler geworden. Das sind Worte, die nicht gerne gehört werden, weil sie das gängige Weltbild erschüttern. Aber die Menschheit wäre besser damit beraten, wenn sie die Kinderkrankheiten, welche sie durchaus im Griff hat – Masern, Röteln, Windpocken, Scharlach – zulässt, anstatt sie „wegzuimpfen".

Was geschieht durch das Wegimpfen? Ein bestimmtes Virus hat eine Aufgabe zu erfüllen. Anstatt dies anzuerkennen, wird dagegen angekämpft. Anstatt den Körper zu stärken, will die Medizin erreichen, ihn ohne, dass er dafür arbeiten muss, zu immunisieren. Das ist in Ordnung, wenn es sich um Krankheiten handelt, die schwere Schädigungen nach sich ziehen. Aber warum will man mit Kanonen auf Spatzen schießen? Was ist so schlimm an einer Grippe? Warum wird es immer mehr unmöglich (aus wirtschaftlichen Gründen), sich deswegen einmal im Jahr ein paar Tage zurückzuziehen und das Immunsystem des Körpers zu stärken? Es ist das Bodybuilding für die Abwehrkräfte. Es wird immer Viren geben, man wird sie nie ausrotten können. Sie haben ganz bestimmte Aufgaben. Wenn man sie daran hindert, ihre Aufgaben zu erfüllen, werden sie bösartig – sie mutieren.
Nun, das ist jetzt stark esoterisches Wissen und Gedankengut, aber es wird vielleicht bei den Menschen Gehör finden, für die es wichtig ist. Es ist ein Drama, ein Kind zu verlieren. Darüber wollen wir überhaupt nicht in einer leichtfertigen Art hinweggehen. Es ist

aber in den seltensten Fällen so, dass in Westeuropa Kinder an Kinderkrankheiten sterben, wenn sie eine haben „dürfen". Die Todesfälle geschehen in der Dritten Welt und da sind eigentlich andere Dinge die Ursache. So wird wegen der Kinderkrankheiten häufig eine unangemessene Hysterie verbreitet.

Zusammenfassend kann man sagen, wenn man Einzelkinder gegen Kinderkrankheiten impft, dann arbeitet man ihrem gesunden Entwicklungsplan entgegen. Wenn Kinder fiebern, dann ist das normalerweise ein gutes Zeichen. Das Kind sollte mit homöopathischen Mitteln begleitet werden. Sagt ihm innerlich: „Du schaffst das und wir stehen hinter dir. Jetzt wirfst du alles aus deinem Körper hinaus, was nicht deins ist und wir freuen uns auf die Neugeburt nach dieser überstanden Krankheit."
Wenn es wieder genesen ist, werden die Eltern ein verwandeltes Kind vor sich haben, was plötzlich keinerlei Wutanfälle mehr hat oder nicht mehr schüchtern ist und so weiter.

Kinderkrankheiten sind auch eine Möglichkeit, energetische Besetzungen aus dem Körper herauszuschaffen, und je stärker so ein Fieber ist, umso mehr kämpft das geistige Wesen dieses Kindes mit der Krankheit. Oft und natürlicherweise (beim heutigen Dogma und Umgang mit Krankheiten) macht das den Eltern Angst. Und es macht den Eltern heutzutage umso mehr Angst, weil es wenige Kinderärzte gibt, die in der Lage sind, so eine Situation richtig gut einzuschätzen. Die Ärzte haben keine Erfahrungen mehr, so fällt es ihnen schwer, den Eltern Mut zu machen, ihnen Kraft zu geben und sie zu stärken. Es ist fast schon anstößig, Eltern zu sagen, dass das der normale Ablauf einer solchen Krankheit ist und ihnen Mut zu machen, dass ihr Kind dies auch ohne schwere Medikamente schafft, das zu überstehen. Und das macht natürlich jungen Müttern und Vätern Angst. Ein Kind mit vierzig Grad Fieber durch die Nacht begleiten zu müssen, ist für die Eltern ein hartes Programm, das sie an den Rand ihrer eigenen Kräfte bringen kann – aber es lohnt sich, dies zu versuchen. Und wenn man weiß, wofür es gut ist, kann man auch die Gelassenheit haben, die Krankheit durchzustehen und wird auch den Arzt finden, der einen begleiten kann.

Das Wissen, was wir in dieser Sitzung ausgeführt haben, ist durchaus schon bekannt. Es wurde jetzt noch einmal in einer anderen Form heruntergebracht, um das besondere Augenmerk auf die neu entstandenen Epidemien, die natürlich einen Grund haben, zu lenken. Epidemien treten nicht zufällig auf, sie wollen den Menschen bestimmte Dinge vermitteln.

Das Gleiche gilt für all die bakteriellen Erkrankungen, die bei Kindern und Erwachsenen in der Regel mindestens einmal jährlich auftreten. In den meisten (leichten) Fällen braucht es keine Antibiotika, sondern oft nur etwas Ruhe, ein wenig Fachwissen und Zuwendung. Die alten Hausmittel, wie Wickel, Tees, Bäder und ähnliches, wirken sehr viel besser und heilen wirklich, indem sie die Abwehrkräfte stärken oder eine Reinigung herbeiführen. Gleichzeitig brauchen sie Zeit und Liebe, um zubereitet und angewendet zu werden. Diese energetische Kraft (von Mutter oder Vater, die sie herstellen und verabreichen), die danach in den „Präparaten" vorhanden ist, wirkt auf den kleinen und großen Patienten ungemein heilsam, denn die Liebe der Eltern ist darin energetisch spürbar und verbindet sich mit der Heilkraft der jeweiligen Pflanze.
Selbstverständlich können homöopathische Medikamente bei diesen Krankheiten auch zum Einsatz kommen.

9. Sitzung
07.08.2009

Lasst Freude und Humor in eure Herzen

Die Entwicklung, dass diese speziellen Kinder – Einzelkinder – vermehrt herunterkommen, ist ein Anlass zu großer Freude. Es zeigt, dass jetzt ein bedeutender Umschwung für das ganze Leben auf der Erde stattfindet. Neue, bessere Zeiten kündigen sich an.

Vor allem soll das Aufziehen von allen Kindern, aber auch von diesen ganz besonderen Seelen, für die Eltern beglückend sein. Ihr helft Kindern generell am allermeisten damit, wenn ihr ihnen immer wieder zu verstehen gebt, wie glücklich ihr seid, dass ihr ihre Mutter oder ihr Vater sein dürft. Zeigt ihnen eure Freude, dass ihr sie in der eigenen Sphäre begrüßen dürft; dass sie sich dieser speziellen Familie anvertraut haben und ihr diese Tatsache als Glück zelebriert. Ihr solltet diesen Kindern mit einer gewissen Leichtigkeit immer wieder zu verstehen geben, wie sehr ihr sie schätzt und liebt, auch in schwierigen Situationen.

Das Aussprechen von Hochachtung und Liebe darf natürlich keinesfalls zur Phrase ausarten. Das ist etwas, wo jeder seine eigene Seele erziehen kann. Ihr könnt euch dazu erziehen, in der Positivität zu leben. Lernt das Positive zu sehen und zu zelebrieren. Lernt die glückvollen Augenblicke zu genießen und das in dem Bewusstsein zu tun, dass dies nur ein kleiner Teil dessen ist, was euch die Gottheit in Wirklichkeit an Freude und Glück zumessen möchte. Lernt immer mehr von dieser Freude und diesem Glück zuzulassen, ohne dass ihr euch dafür schuldig fühlt, weil andere Leute nicht dieses Glück haben oder im Unglück und Traurigkeit leben. Solche Gedanken sind unproduktiv und führen nicht dazu, dass mehr Glück und Freude auf der Erde vorhanden sind. Und mit jedem Menschen, der im Herzen glücklich ist und sich freuen kann, wird anderen auch die Erlaubnis gegeben, selbst glücklich zu sein und sich zu freuen. Wenn es eine wirkliche Herzensfreude, ein wirkliches Herzensglück, ist, wird bei allen Menschen, die auch nur ein Fünkchen Licht in sich spüren, dieses Fünkchen Licht aktiviert – wie ein Schalter, der angeknipst wird – auch wenn es manchmal über den Umweg von Eifersüchteleien oder

Neid gehen mag. Das sind doch im Grunde genommen, wenn sie durchgearbeitet und akzeptiert werden, auch Emotionen, die zum Empfinden des höheren Ganzen führen.

Ihr sollt die Gefühle, die ihr euren Kindern gegenüber habt, nicht verstecken. Es ist eine in langen Jahren der Dunkelheit und aus Aberglauben geborene Angewohnheit, sobald ihr einmal meint, Glück zu haben, dass es niemand wissen darf, weil die Glückssträhne dann bald vorbei sein könnte. Ihr glaubt, wenn andere Menschen euer Glück sehen, dass sie neidisch werden könnten und euch das Glück gleich weggenommen wird. Hinter dieser Meinung steht im Grunde der Glaube, dass ihr dieses Glück nicht verdient.
Warum verdient ihr Glück nicht? Weil ihr gelernt habt eure Seele als so schmutzig und verdorben anzusehen, dass es eigentlich nur ein Unfall oder ein Zufall sein muss, dass ihr Glück empfindet und euer Eigen nennen dürft.

Nun, vor dem Hintergrund dessen, was wir eben gesagt haben, seht ihr, dass diese Haltung für unsere Glückskinder, Einzelkinder oder Einzelgänger nicht zutrifft, weil diese eben lange im Glück, in der Anbetung der Göttlichkeit und in purer und reiner Liebe gelebt haben. Für diese Menschen kann es sehr irritierend sein, wenn sie auf solche eigenartigen Anschauungen in den Kulturen treffen. Aufgrund dessen, dass ein Teil ihrer Mission auch für sie selbst im Dunkeln liegt und sie zugestimmt haben, eine Inkarnation als ganz normaler Mensch durchzumachen, kann das zu einiger Verwirrung führen. Deswegen ist es so wichtig, dass schon die Eltern bereit sind, alte Muster zu überprüfen und abzulegen; ihr anfangt, in der Wahrheit zu leben und alles Phrasenhafte ablegt. Das ist heute für alle Kinder – für alle Menschen – auf der ganzen Erde wichtig.

Ein weiteres wichtiges Element ist es, einen Schritt beiseite zu treten, um euch von negativen Anschauungen, Meinungen, Gedanken bewusst zu distanzieren. Ihr seid darauf getrimmt worden, überall das Negative zu bemerken, es breit zu treten oder zu kritisieren. Geistig gesehen könnte man sagen, die westliche Menschheit frönt einer übertrieben ausgelebten pubertären Phase, anstatt in die Erwachsenenwelt und die Kreativität der ersten Phase des Schaffens als Erwachsener einzutreten.

Kommt also dahin, euch an den kleinen und großen wunderbaren Dingen des Lebens zu erfreuen. Teilt das vor allen Dingen euren Kindern durch Worte mit, denn die Sprache ist dem Menschen auf diese Art und Weise gegeben worden, damit er sie zum Wohle aller benutzt. Welches andere Wort kann so viel Glück verbreiten, als von einem Menschen, den man selbst liebt, zu hören, dass man auch von ihm geliebt wird? Es ist außerordentlich wichtig, dass ihr den Kindern mitteilt, wie sehr ihr sie liebt und schätzt. Sagt es mit Worten und zeigt es ihnen nicht nur durch Taten. Es liegt ein Zauber im gesprochenen Wort, wenn es wirklich erfühlt und gemeint ist. Es ist ein Irrtum zu denken, dass die Tat, die ihr tut – die Liebestat – dieses Wort ersetzt; denn warum scheut ihr euch, das auszusprechen? Weil ihr euch vor etwas drücken möchtet, meine lieben Freunde. Das sei doch auch einmal gesagt.

Ihr möchtet euch drücken vor der tiefen Wahrheit dieses Wortes. Das ist auch oft in Partnerschaften der Fall, weil ihr denkt, dass ihr euch dadurch, dass ihr so etwas sagt und ausspricht, bindet. Das ist Unsinn. Dieses Wort macht frei, wie kein anderes Wort frei macht. Wenn ihr den Menschen mitteilt, dass ihr sie liebt, schenkt ihr ihnen die größte Freiheit, die ihr jemals einem anderen schenken könnt und es wird offenbar, warum manche so genannten Liebestaten eher binden und nicht frei machen. (Nun, da werdet ihr jetzt jeder eure eigenen Assoziationen dazu haben. Wir brauchen das sicher nicht weiter ausführen. Das wird in euch weiter arbeiten.) Alles, was aus wahrer, echter, tief empfundener menschlicher Liebe gedacht, getan, gefühlt wird, ist heilend.

Sagt euch, dass ihr euch liebt, in dem Sinne von Herz zu Herz; dass ihr euch zur Freiheit ermutigt und ermuntert und schon dem kleinen Kind dadurch sagt, wie sehr ihr schätzt, dass es aus freien Stücken zu euch heruntergekommen ist, um die Fackel weiter zu tragen. Das Kind wird dadurch eine Kraft entwickeln, dieses Wort weiter zu tragen – zu anderen Menschen hinzutragen und zu verschenken – in der allerschönsten Art und Weise. Es wird euch ein Bedürfnis werden, dieses zu sagen, sagen zu dürfen. Es wird als ein Manko empfunden werden, wenn diese Schwingung fehlt.

Durch das gesprochene Wort kommt diese Schwingung auf die Erde, sie wird heruntergerufen. Das reine Wort Gottes wird heruntergerufen.

Es ist im höchsten Sinne heilig und befreiend, von allem, was euch bindet. Und ihr werdet sehen, wie die Kinder untereinander, in einer freien Art und Weise, dieses weiterschenken und Liebe verströmen. Dagegen ist kein Kraut gewachsen. Und das, meine Lieben, muss einmal festgestellt werden!

Ihr könnt das auf alles übertragen – wenn ihr Streit habt oder wenn ihr euch ärgert: wann auch immer ihr in eurem Herzen (vielleicht könnt ihr das noch nicht laut äußern) dem anderen im Stillen sagt: „Und ich liebe dich doch. Ja, ich liebe dich", fangt ihr innerlich schon an zu lächeln. Der andere wird sich wundern. Jeder Bann wird durch dieses Wort gebrochen.

Das ist das Lebenselixier für Kinder.
Ihr könnt das schon einem neugeborenen Säugling laut sagen. Das müsst ihr nicht nur denken, sondern ihr könnt dies laut aussprechen. Das wirkt wie ein laut gesprochenes Gebet. Dieses Gebet hat eine Kraft, die nicht zerstörbar ist.
Diese Liebe soll eine Leichtigkeit haben. Die Leichtigkeit der Freiheit. Die Leichtigkeit der Erlaubnis auf der Erde glücklich zu sein und sein Glück für alle sichtbar leben zu dürfen, sodass in dem Herzen eines jeden Menschen die Gewissheit leben soll: „Auch ich darf glücklich sein. Auch ich darf lieben und geliebt werden. Ich darf Liebe schenken und sie in Fülle empfangen. Ich darf einfach sein, so wie ich bin. Schon allein mein Hier-Sein bringt eine Qualität auf die Erde, die gebraucht wird, für die jetzige Entwicklung der Menschheit."

Die nächste Tugend, die ihr euch anerziehen solltet, ist der Humor. Das bedeutet, dass ihr von Herzen miteinander lachen könnt. Humor in den dunklen Phasen des Lebens zu haben, wenn es einmal nicht so läuft, wie ihr euch das vorstellt, ist ein Lebenselixier. Versucht das Lächeln und Lachen nicht zu vergessen und euch über euch selbst ein wenig lustig zu machen. Das heilt vieles und lässt kaum ein Unkräutchen am falschen Platz sprießen.
Wenn ihr euch Biografien von Menschen anschaut, die wirklich schwere Schicksalsschläge erlebt haben, werdet ihr die Wahrheit des eben Gesagten erkennen. Es gibt dort namentlich einige Menschen, welche die Zeit in den Konzentrationslagern (KZ) im Dritten Reich überlebt haben und die in keinster Weise auch nur ein Fünkchen

Bitterkeit oder Rache in sich tragen gegenüber dem, was sie dort erlebt haben. Wenn ihr euch diese Biografien anschaut, beispielsweise die von Viktor Frankl, könnt ihr viel lernen.

Viktor Frankl war ein Arzt und hat zu einem späteren Zeitpunkt in seinem Leben eine eigene Psychotherapie entwickelt aufgrund seiner Erlebnisse in den KZs. Ihr werdet sofort erkennen, dass immer die Liebe zu anderen Menschen, aber auch zu einer Sache und zu sich selbst, die Achtung vor sich selbst, der Grund dafür ist, dass Menschen trotz schlimmer Erfahrungen heil werden und bleiben können.

Diese Liebe hat in den verschieden Facetten so eine Leuchtkraft, dass sie alles Unglück überstrahlt und aus den schlimmsten, finstersten Erfahrungen noch etwas machen kann. Später kann sogar (das hört sich jetzt paradox an, aber es muss gesagt werden) mit Leichtigkeit, ja sogar mit Humor, darauf zurückgeblickt werden. Auch wenn sich das jetzt verwerflich anhört, es kann ja nicht verwerflich sein, wenn die eigene und sogar andere Seelen dabei heilen können. Dadurch wird jedem Menschen, der es will, die Erlaubnis gegeben, heil zu werden, auch wenn er durch schlimmste Dinge hindurchgegangen ist. Dinge, die ihm durch andere Menschen, die sich dafür entschieden haben, das Dunkle leben zu wollen, zugefügt worden sind.

Und nun meine Lieben, kommen wir noch zu einem weiteren Thema, das euch auch vertraut ist: Wie geht man mit diesen dunklen Kräften um, wenn man ihnen gegenübersteht? Eben mit Humor. Der Humor ist das Mittel, das dunklen Kräften, ohne dass sie es merken, die Waffen raubt.

Wenn ihr also mit den Schattenseiten der modernen Welt zu tun habt, ist eure Waffe dagegen der Humor, das Lachen, die Leichtigkeit und die Liebe eures Herzens. Die roten Rosen, die aus eurem Herzen in Reinheit und Freude erblühen. An deren Duft ihr euch erfreut und von deren Duft sich alle, die auf eurer Seite sind, erfreuen werden. Diejenigen, welche ihre Nase rümpfen, die werdet ihr dann schon erkennen können und wissen, welches Körnchen ihr ins Töpfchen legen und welches im Kröpfchen zurückbehalten werden soll – um aus dem „Aschenputtel" der Gebrüder Grimm frei zu zitieren.

Diese Grimmschen Märchen (sowie Märchen anderer Völker; Kunstmärchen, wie die von Andersen erst später, gegen das 8. Jahr) sind, auch wenn sie heutzutage in der vielfältigsten Art und Weise verrissen werden, für Kinder ab dem 5. Lebensjahr eine Quelle, um an ihr eigenes esoterisches Wissen wieder anschließen zu können. Hier können sie viel an (Wahr-)Bildern aufnehmen, die ihnen beim Umschiffen von Klippen in ihrem Leben helfen.

Natürlich solltet ihr euch bewusst sein, dass Märchen verfälscht worden sind, moralinsauer gemacht worden sind, und ihr solltet auch nicht davor zurückschrecken, euren Kindern das Leben, wie es ist, vor Augen zu führen. Ihr könnt eure Kinder nicht vor allen Problemen der modernen Welt verschließen und sie ihnen nicht zeigen. Diese werden früher oder später ungerufen auftreten und auf sich aufmerksam machen. Eure Kinder sind gekommen, um das Leben mit all den schönen Seiten und den Problemen wahrzunehmen und zu helfen, darüber hinwegzukommen. Deswegen müssen sie diese wahrnehmen und kennenlernen, zum Teil auch von innen. Von dort aus kann eine Verwandlung stattfinden. Wenn ihr Eltern eure Kinder lehrt, diese Probleme mit Leichtigkeit, Freude und Humor anzugehen, wäre das wunderbar.

Zeigt euren Kindern, wie sie sich energetisch aufladen können; in der Natur zum Beispiel, oder auch durch Kulturerlebnisse. So werdet ihr merken, wie die Kinderseelen gelagert sind. Auf der einen Seite gibt es eher Kulturmenschen, das sind diejenigen, die oft in Städten geboren werden, die sich als Inkarnationsort eine große Stadt aussuchen. Auf der anderen Seite gibt es eher Naturmenschen, die meistenteils, wenn es sich einrichten läßt, in ländlicheren Gegenden zur Welt kommen. Natürlich ergänzt sich beides. Man kann eines unter Umständen mit dem anderen ersetzen, oder nach und nach lernen zu ergänzen und seinen Horizont zu erweitern.

Indem ihr euren Kindern in Leichtigkeit und Freude zeigt, wie ihr mit euren Klippen umgeht, könnt ihr sie begleiten und ihnen vorleben, wie sie mit ihren umgehen können.

Aber vor allen Dingen ist es wichtig, dass ihr euren Kindern immer, auch wenn sie euch ärgern, mitteilt, wie sehr ihr sie liebt und dass ihr ihnen auch zeigt, wie ihr mit euren eigenen Schattenseiten umgeht. Es ist wichtig, dass ihr nach und nach immer besser lernt, eure Schattenseiten anzuschauen und auch diese zu lieben oder euch darüber zu amüsieren.

Da gibt es eine Kunst, die wir noch nicht erwähnt haben und welche gerade für Einzelkinder Balsam auf die Seelen ist, und das sind wirklich gute Clowns und das Zirkusleben. Wenn es das noch gibt, in einer guten künstlerisch hoch stehenden Art und Weise, ist so ein Zirkus Heilung. Die Artisten, die das heute machen, sind wirkliche Könner und Künstler. Wann immer ihr die Gelegenheit habt, einen guten Clown sehen zu können, nutzt sie!

Witze, Scherze, Bücher, die lustig sind, sind hier auch angebracht. Wo immer über die großen und kleinen Probleme des Lebens gelacht wird, sodass sie ad absurdum geführt werden und ihr den Blickwinkel weiten könnt, tritt Heilung ein. Ein guter Clown kann zu Tränen rühren, weil er den Menschen die Tiefe der Seele vor Augen führt. Ihr wisst nicht, was ihr zuerst tun sollt – lachen oder weinen. Und so etwas kann natürlich nur aus dem Ringen mit sich selbst geboren sein; dem Ringen mit den Schwierigkeiten, die der Mensch im Leben vorgesetzt bekommen hat. Hernach muss der Schritt in die Abstraktion hinein mit Liebe und Innigkeit getan werden. Dann kann eine solche köstliche Blume geboren werden, die auf die Bühne gebracht werden will, und dafür braucht es sehr viel Disziplin und Könnerschaft. Aber das ist es ja, was ihr gerne wollt. Ihr wollt hier auf der Erde eine gewisse Vollkommenheit auch im Leibe erreichen, sonst genügt es euch nicht – und das ist gut und richtig so. In dieser Überwindungskraft liegt etwas, das hinausweist aus den physischen Beschränkungen und in eine andere Sphäre hineinreicht, nämlich in die Sphäre des Göttlichen, den Bereich der göttlichen Schöpfermacht, die ein Mensch dann auf der Erde verwirklicht, wenn er über seine Grenzen hinausgeht. Und was immer gottgeschaffen ist, ist auch mit Leichtigkeit, Freude und Glück gesegnet und so sind diese drei Größen, die Königsgrößen der Vollkommenheit hier auf der Erde.

Für Ihre Fragen zu Themen
wie Beziehung, Beruf, Gesundheit, Familie
und vielem mehr verbinde ich mich gerne mit
Johannes,
um Ihnen weiterzuhelfen.

Anfragen bitte per Email an Yvonne Grätz:
die@lichtwandlerin.de

Lightning Source UK Ltd.
Milton Keynes UK
UKHW012142170119
335727UK00008B/189/P